Guido Fuchs

Gott und Gaumen

GUIDO FUCHS

GOTT UND GAUMEN

Eine kleine Theologie des Essens und Trinkens

Claudius

Inhalt

Vorwort   6
Von Himmel und Erde, Gott und Gaumen, der Spiritualität des Alltags und einer Theologie, die aus der Küche kommt

1. **Alltag und Fest**   12
   Vom Restaurant als Ort der Erquickung, von der Bedeutung der Zeit für das Essen und Trinken und vom Miteinander-Essen als kleinem Fest im Alltag

2. **Genuss und Sünde**   24
   Vom schlechten Gewissen beim Genuss und woher es kommt – sowie vom Genießenkönnen als göttlicher Gabe und Aufgabe

3. **Verzicht und Solidarität**   34
   Von Wurst und Fleisch in der Fastenzeit, vom Fasten als ver-rücktem Zustand und was wir vom Ramadan lernen können

4. **Zerstören und Genießen**   46
   Von der Ambivalenz des Essens, der Verdrängung des Zerstörenmüssens, um genießen zu können, und vom Leben aus dem Tod

5. **Zubereiten und Verwandeln**   58
   Vom Mahl, das zu einer Liebesbeziehung wird, von der Küche als magischem Ort der Verwandlung und dem Ziel des Essens und Trinkens

6. **Dank und Segen**   68
   Von alten Mönchsvätern und ihren Einsichten, vom Aufblick zu Gott und Gebeten bei Tisch und der Selbstverständlichkeit des Bittens und Dankens

7. Gastfreundschaft und Gastlichkeit   80
Von Marta und Maria als Gastgeberinnen, vom Anteilnehmen aneinander und vom (gemeindlichen) Wohnzimmer, das anderen offen steht

8. Brot und Wein   94
Von der Bedeutung reichlichen Essens im Mittelalter, der Heiligkeit bestimmter Speisen und Getränke und vom Brot für die Welt

9. Gemeinschaftlich und allein   104
Von der ganzen Stadt als Tafel, von paradiesischen Vorstellungen eines gemeinschaftlichen Mahles und der gelegentlichen Not des Alleinessens

10. Mensch und Mitgeschöpf   118
Von barbarischen Esskulturen, der familiären Beziehung zu den Tieren und Gebeten beim Schlachten und Schächten

11. Küche und Katechese   130
Von Sankt Martin und anderen Heiligen, Predigten mit dem Kochlöffel und kulinarischen Glaubenszeichen im Alltag

12. Gesundheit und Heil   142
Von dem, was uns krank macht, von unheilen Situationen, besonderen Kräutern und dem Heiland im Lebkuchen

Nachlese   154

Zitierte Literatur   156

Bild- und Textnachweis   158

Vorwort

Von Himmel und Erde, Gott und Gaumen, der Spiritualität des Alltags und einer Theologie, die aus der Küche kommt

Gibt es ein deutsches Nationalgericht? Vielleicht die Currywurst, der inzwischen sogar ein eigenes Museum (in Berlin natürlich) gewidmet ist. Würstchen in jeglicher Form überhaupt, womöglich mit Kartoffelsalat, zumal am Heiligabend, dem deutschesten aller Feste ... Doch sonst? Nur wenige Jahrzehnte zurück, als die Kost insgesamt noch frugaler war, gab es ein Gericht, das dem allgemeinen Geschmack sehr nahe und zwischen Nordsee und Alpen, Aachen und Zittau gleichermaßen auf den Tisch kam: „Himmel und Erde". Seit dem 18. Jahrhundert nachweisbar wurden nämlich in deutschen Küchen und darüber hinaus Äpfel und Erdäpfel (Kartoffeln) kleingewürfelt in einen Topf gegeben und gekocht, mit Fett verfeinert und nach regionalem Gusto abgeschmeckt und erweitert: mit Blutwurst oder/und Leberwurst (also auch wieder Wurst ...), mit gerösteten Zwiebeln und Speck. Und was einem sonst noch schmeckte. In Norddeutschland und Brandenburg, in Niedersachsen und im Elsass, in Schwaben, Sachsen und Schleswig Holstein genauso wie in Bayern und dem Rheinland („Himmel un Ääd") fanden sich Menschen unter dem Vorzeichen von Erd- und Himmelsfrüchten zusammen und genossen diese traditionelle Speise.

Was das mit diesem Buch zu tun hat? Nun, manchem heutigen Pizza und Pasta gewohnten Esser mag diese Zusammenstellung von gekochten Äpfeln und Kartoffeln vielleicht gewöhnungsbedürftig erscheinen. Vielleicht wie Gott und Gaumen. Auch diese Zusammenstellung klingt für manche Ohren befremdlich, vielleicht auch kurios, gewiss aber ungewohnt. Was hat denn Gott mit dem Essen und Trinken zu tun? „Essen wie Gott in Frankreich" – dieses geflügelte Wort kommt einem vielleicht in den Sinn oder auch „Götterspeise" ... Doch im Ernst: Eigentlich scheinen „Gott und Gaumen" etwas Gegensätzliches zu signalisieren, etwas Unvereinbares. „Gaumen", so hat es den Eindruck, steht für Genuss, Lebensfreude und Körperlichkeit, „Gott" eher für Entsagung, Ernst und Leibfeindlichkeit. Gott und Gaumen, wie passt das also zusammen?

Sehr gut, lässt sich darauf antworten, und: schon immer und auch weltweit. Das Wissen darum, dass das Essen und Trinken eine religiöse Komponente in sich trägt, ist tatsächlich vielen Kulturen gemeinsam. Und nicht nur das Zusichnehmen von Speisen und Getränken, sondern auch deren Auswahl, Zusammenstellung und Zubereitung bis hin zum Verhalten bei Tisch wird weltweit vielfach von religiösen Vorstellungen geprägt, ja sogar geregelt. Vielleicht ist uns das religiöse Moment im Zusammenhang des Essens und Trinkens in den letzten Jahrzehnten etwas abhanden gekommen, weil das „tägliche Brot" und darüber hinaus auch fast alle anderen Lebensmittel wie selbstverständlich und jederzeit zur Verfügung stehen – und auch, weil sich Ausdrucksformen des Glaubens verändert haben. Doch tatsächlich prägen religiöse Vorstellungen auch unser heutiges Essen und Trinken immer noch, wenn auch vielfach unbewusst.

Mehr als Freitag und Fisch

Im Zusammenhang solcher religiöser Ausprägungen fällt den Menschen in unserer, noch von der Tradition des Christentums geprägten Gesellschaft zumeist als Erstes der Freitag ein, der als religiöser Fast- oder doch Abstinenztag gilt, an dem man sich des Fleischgenusses enthält und stattdessen Fisch oder etwas anderes isst. Bis heute ist der Freitag derjenige Tag in der Woche, an dem die Fischgeschäfte ihren größten Umsatz machen, doch dass dahinter ursprünglich das wöchentliche Gedenken an den Tod Jesu steht, ist vielen Käufern sicher nicht (mehr) präsent. Ähnlich mag es mit dem sprichwörtlich gewordenen „täglich Brot" sein: Dass es der dritten Vaterunser-Bitte entstammt („Unser tägliches Brot gib uns heute"), ist vielleicht manchen nicht bewusst, doch immer noch ist Brot etwas Besonderes, ja geradezu Heiliges; Brot wirft man nicht weg, so wird auch den Kindern heute noch eingeschärft; Brot ist eben Ausdruck der Nahrung schlechthin.

Zugegeben, das ist nicht viel, und verglichen mit früheren Zeiten, als das Tischgebet zum Essen wie selbstverständlich dazugehörte, als das Brot vor dem Abschneiden mit einem Kreuz bezeichnet wurde, als es Festtage mit besonderen, darauf Bezug nehmenden Speisen und zahlreiche Fastentage gab, die man natürlich einhielt, ist heutzutage nicht nur von einer Veränderung des Religiösen die Rede, sondern von einem Schwund aus dem Alltag, gar von einem Abbruch. Und das fällt umso mehr auf, als andere Kulturen, mit denen wir heute häufiger in Kontakt treten als früher, von dieser religiösen Einschätzung des Essens und Trinkens noch stärker geprägt sind.

Um etwas davon zu sehen, müssen wir nicht einmal weit reisen. Über unsere zahlreichen muslimischen Mitbürger ist vielen Menschen doch zumindest die Praxis des Fastens im Islam geläufig; dessen höchste Feiertage, das Opferfest und das Fastenbrechen, werden auch durch ein besonderes Essen und Trinken begangen; Speisen und Getränke sind durch religiöse Vorschriften geregelt. Ähnlich im Judentum; auch hier gibt es religiöse Vorschriften bezüglich der Speisen und Getränke, Festtage, die vor allem durch besondere Speisen ausgezeichnet sind. Und das Wort „koscher", was sich mit „geeignet, rein, tauglich" übersetzen lässt und die Einschätzung der Lebensmittel, Mahlzeiten und deren Zubereitung im Judentum bedeutet, ist als Lehnwort auch vielen Menschen vertraut: Alles koscher!

Auch in der Sprache spiegeln sich die religiösen Zusammenhänge des Essens und Trinkens; im Französischen und Englischen bedeutet das jeweilige Wort für „Frühstück" – déjeuner bzw. breakfast – soviel wie „Brechen bzw. Beenden des Fastens". Manche Speisen und Getränke verraten in ihrem Namen noch die klösterliche Herkunft wie der Trappistenkäse oder der „Bénédictine". In unserer abendländischen Kultur haben die Klöster nicht nur die Mahl-Zeiten, sondern auch Tischsitten, Essbräuche und die Zubereitung verschiedenster Gerichte maßgeblich geprägt; unsere Mahlkultur, angefangen vom Tischdienst bis hin zur Gastfreundschaft, wäre ohne die frommen Frauen und Männer aus den vergangenen Jahrhunderten gewiss anders. Wenn auch der religiöse und klösterliche Hintergrund mancher Trink- und Speisebräuche und -bezeichnungen („Fastenbier", „Kartäuserklöße") heute eher äußerlich ist, so erfährt doch zumindest das alte klösterliche Ideal einer ausgewogene Ernährung, die auf eine Balance zwischen Körper, Geist und Seele zielt (Stichwort: Hildegard von Bingen), gegenwärtig eine Renaissance; die Beachtung der jahreszeitlichen Rhythmen sowie der Erträge der eigenen Region (Stichwort: Slow-Food) entsprechen alten Grundlagen klösterlicher Ernährung; sie sind nicht nur aus Notwendigkeit wieder hochaktuell.

Vor allem in den östlichen Religionen und Lehren spielt die gesunde Ernährung eine wichtige Rolle; auch bei uns bemühen sich immer mehr Menschen um eine gesunde und körperlich-seelisch ausgewogene Ernährung nach den Grundlagen etwa des Yoga, Zen oder Taoismus. Der Einklang des Essens mit der Religion wird hier viel eher wahr- und angenommen, als dies bei den westlichen Religionen und Konfessionen der Fall ist.

Gott und Gaumen: Die Beziehung zwischen den beiden scheinbar so gegensätzlichen Begriffen und ihren Wirklichkeiten reicht von religiösen äußerlichen Normen, Zeichen und Gebräuchen, die das Essen und Trinken noch in unserer Zeit regeln, bis hin zu der Vorstellung eines Essens in der Gegenwart Gottes und führt darüber hinaus sogar zu der Idee, dass man im Essen und Trinken Anteil an Gott selbst erhält, ihn sich einverleibt. Essen und Trinken kann so zu einem geradezu religiösen Tun werden – zumindest eine spirituelle Bedeutung haben.

Spiritualität des Essens und Trinkens
Gibt es denn das überhaupt, eine Spiritualität des Essens und Trinkens? Spiritualität ist eine geistliche Ausdrucks- oder Lebensform – aber „geistlich" meint nicht das Gegenteil von weltlich, körperlich oder materiell; „spirituell" verdrängt nicht andere Begriffe wie „fromm" oder „religiös", sondern ergänzt sie und gewichtet sie damit anders. Vielleicht kann man allgemein sagen, dass Spiritualität eine gelebte Hingabe an Gott und seine Sache bedeutet, wie der Theologe Gilbert Greshake es vorsichtig ausdrückt. Eine „Spiritualität des Alltags" ist eine aus dem Geist der Gottesbeziehung gelebte Existenz im Alltag. Und auch aus dem Geist einer daraus resultierenden Beziehung zu den Menschen. Denn man kann nicht, so sagt es das Neue Testament, Gott lieben und die Menschen nicht. Und noch allgemeiner betrachtet schließt die Beziehung zu Gott, dem Schöpfer, auch die zu seiner Schöpfung mit ein. Spiritualität ist also nicht eine ausschnitthafte Haltung, auf bestimmte Situationen oder Zeiten beschränkt, sie will letztlich das ganze Leben des Menschen in die Beziehung zu Gott integrieren und daraus die Beziehung zu seiner Umwelt im Glauben gestalten. Die Grundlage einer so gelebten Glaubensbeziehung ist zunächst offen; aber insofern sie immer auch das Alltagsleben betrifft, ist auch das Essen und Trinken ein Ausdruck der Spiritualität.

Eine Spiritualität des Essens und Trinkens hat also etwas mit der Beziehung zu Gott zu tun, die darin zum Ausdruck kommt, die sich aber auch widerspiegelt, widerspiegeln muss in der Beziehung zu den Menschen, die an diesem Vorgang des Essens und Trinkens beteiligt sind, wie auch der Schöpfung überhaupt, die in den Speisen und Getränken auf den Tisch kommt und durch unsere Art des Essens und Trinkens berührt wird. Und letztlich, aber nicht zuletzt, natürlich mit uns selbst, die wir zu all dem in Beziehung stehen. Das alles ist mehr als eine religiöse oder fromme Etikette bei Tisch; aber auch in der „Etikette", den Verhaltensweisen, Zeichen und Regeln, zeigt sich diese geistliche Grundhaltung, die auch gelehrt und gelernt sein will.

Nicht nur im geistlichen Tun im Gotteshaus, im frommen Verhalten also lassen sich Glaube und Spiritualität des Menschen erkennen, sondern auch – scheinbar ganz banal – an seiner Art des Essens und Trinkens. Wie der Mensch isst, so ist er: Diese Feststellung des deutschen Philosophen Ludwig Feuerbach (der damit seine Zeitgenossen Mitte des 19. Jahrhunderts durchaus schockiert hat, weil er damit das Wesen des Menschen nicht vom Kopf, vom Denken bestimmt sein lässt, sondern von seinem Bauch) ist längst zu einer stehenden Redewendung geworden und lässt sich auch auf die Spiritualität des Menschen hin beziehen. Er berührt in seinem Essen und Trinken religiöse Fragen, weil die Lebensmittel auch die Mitte seines Lebens, seine Existenz ausmachen. Der religiöse Aspekt macht das Essen und Trinken zu mehr als einer bloßen Nahrungsaufnahme, wertet sie auf ins Symbolische, macht sie zu einem Zeichen, das zu denken gibt und auf den zurückweist, der isst: wie, was und wozu er isst. Und umgekehrt werden auch religiöse und gottesdienstliche Ausdrucksformen vom Essen und Trinken geprägt.

„Theologie aus der Küche"

Schon Jesus von Nazaret hat bei seiner Verkündigung immer wieder auf Bilder aus dem Bereich des Essens und Trinkens zurückgegriffen: das Gastmahl und die Gäste, die Rangordnung bei Tisch und das Waschen der Hände; das gebrochene Brot und der Wein in neuen Schläuchen; das kleine Senfkorn, das zum Baum wird, und das Salz, das der Speise Würze gibt; der um ein Brot bittende Sohn und die Frau, die Sauerteig zubereitet. Wäre der Begriff nicht negativ belegt, könnte man geradezu von einer „Küchentheologie" sprechen, die Jesus verkündet hat, einer Theologie also, die den menschlichen Alltag im Blick hat, aus ihm seine Bilder gewinnt, ihn aber auch prägen will. Denn Jesus ging es nicht um hochspekulative Theologie, sondern um einen alltagstauglichen Glauben.

In diesem Sinne soll es in diesem Buch um verschiedene spirituelle und religiöse Aspekte des Essens und Trinkens gehen – nicht als wissenschaftliche theologische Abhandlung, sondern eher als Anregung, sich mit den vielfältigen Zusammenhängen zwischen Gott und Gaumen, Kirche und Küche im Alltag zu beschäftigen. Die Gliederung folgt auch nicht theologischen Begrifflichkeiten, sondern geht vom Erleben des Jahresverlaufs aus, der ja vielfach auch unser Essen und Trinken prägt. Und weil der Mensch nicht nur allein vom Wort lebt, ist jedem Kapitel ein passendes Gericht beigefügt, für dessen Vorschlag und garantierte Vorverkostung ich meinem Lektor, Dietrich Voorgang, herzlich danke, der dieses Buch fachkundig und mit Fantasie begleitet hat.

Vielleicht mundet nach dessen Lektüre das Essen nicht besser, aber anders – und vielleicht merkt man, dass nicht nur die Liebe, sondern auch der Glaube durch den Magen gehen kann.

1. Alltag und Fest

Vom Restaurant als Ort der Erquickung, von der Bedeutung der Zeit für das Essen und Trinken und vom Miteinander-Essen als kleinem Fest im Alltag

Das Restaurant, jene Stätte edler Genüsse und gepflegter Mahlzeiten, hat seine Bezeichnung aus der Bibel – und das kam so: Mitte des 18. Jahrhunderts ließ ein Gastwirt namens Boulanger in seiner Pariser Suppenküche auch noch andere Gerichte anbieten und deshalb über die Tür in lateinischen Worten eine Aufschrift mit Worten aus dem Matthäusevangelium (11,28) malen: „Kommt alle zu mir, die ihr mühselig und beladen seid, ich will euch erquicken." Und von diesem Worte Jesu „Ich will euch erquicken" – lateinisch *restaurabo* – leitete er seinen Titel *Restaurateur* und für sein Etablissement die Bezeichnung *Restaurant ab* ... Wenn diese Geschichte nicht stimmt, so ist sie doch zumindest gut erfunden, denn was wollen solche Gast-Stätten anderes sein als willkommene Rast-Stätten im mühseligen Alltag? – „Ein Leben ohne Feste gleicht einer weiten Reise ohne Einkehr", lautet ein häufig zitiertes Sprichwort des griechischen Philosophen Demokrit (460 – 370 v.Chr.). Und dass auch Gasthäuser und Restaurants mit diesem Spruch werben, wundert nicht, denn die Einkehr in solche ist ja gewissermaßen ein kleines Fest im Unterwegssein – umgekehrt ist das Fest im Alltag so etwas wie ein Restauratiön, ein Ort, eine Gelegenheit zum Aufatmen und der Erquickung.

„Ein Leben ohne Feste gleicht einer weiten Reise ohne Einkehr" – der Theologe Willibald Bösen hat dieses Wort dahingehend noch konkretisiert, dass sich kein Volk diese Einsicht so sehr zu eigen gemacht habe wie das jüdische. Ob man das so dezidiert sagen kann, sei dahingestellt, aber richtig ist, dass es in der antiken Welt mit den regelmäßigen Festen und freien Tagen zumindest nicht so gut bestellt war. Einzig das Judentum hatte einen regelmäßigen Festtag – den Sabbat, den siebten und letzten Tag der Woche, der nicht nur der Gottesverehrung diente, sondern auch dem Zurruhekommen. Es dauerte bis in das 4. nachchristliche Jahrhundert, um diese Ordnung der sechs Tage mit einem herausgehobenen siebten auch der nichtjüdischen Welt zu vermitteln, wie es der römische Kaiser Konstantin mit seiner Sonntagsregelung tat. Der Sabbat, der Sonntag, später auch der Freitag im Islam: herausgehobene Tage in der Woche, willkommene Unterbrechungen zum Aufatmen, kleine Feste im Alltag.

Alltag. Für viele hat das Wort keinen guten Klang. Es klingt grau und nach Einerlei, nach Montag und Monotonie. Keine Frage, der Alltag ist wichtig, er vermittelt ja auch Stetigkeit, Verlässlichkeit und Dauer. Der Alltag hat uns wieder, sagen wir, wenn besondere Tage, wie die weihnachtlichen einschließlich Silvester, vorüber sind, und das ist nicht nur ein Seufzer, es ist auch ein Ausdruck der Erleichterung, denn bekanntlich ist nichts schwerer zu ertragen als eine Reihe von außergewöhnlichen Tagen. Wir brauchen den Alltag, weil er Sicherheit gibt – gleichzeitig versuchen wir aber, ihm zu entfliehen, zumindest gelegentlich aus seinem Gleichschritt auszubrechen, weil er uns bedrücken und belasten kann. Deshalb sehnen sich viele Menschen nach der Auszeit in der Arbeitswoche, die nicht mehr nur der Sonntag bietet, sondern inzwischen auch oft schon die Tage davor. „Schönes Wochenende" wünschen sich die Menschen gegenseitig – und sich selbst eine Zeit des Genießenkönnens, vielleicht sogar mit einem Restaurantbesuch oder einem Essen mit Gästen.

Doch nicht nur die Woche, jeder Tag kann und sollte selbst so ein kleines, eigenes Fest in sich haben, auf das man sich freut, wie der Theologe Kurt Rommel sagt: „Die Tages-Feste sind wie die Steine im Wasser, auf die man tritt, um ans andere Ufer, sprich zum nächsten Sonntag, zu kommen. Diese Tages-Feste retten das Erlebnis, das Festliche des Sonntags bis zum nächsten Sonntag, halten das Sonntagsfeuer ein wenig am Brennen." Zum Tages-Fest gehört, dass es möglichst etwas ist, was die Menschen miteinander verbindet und ihnen weiterhilft. Das sollte seiner Meinung nach in der Familie wenigstens eine gemeinsame Mahlzeit sein.

Mahlzeit als Mahl-Zeit

Die Zeit des Mahles als Mahl-Zeit: Die Zeit, die wir vor, beim und mit dem Essen und Trinken verbringen, ist den Menschen wichtig – und in den letzten Jahren offensichtlich sogar noch wichtiger geworden, wie eine Studie der Deutschen Gesellschaft für Ernährung vor wenigen Jahren herausgefunden hat. Dafür wird im Vergleich zu anderen häuslichen Tätigkeiten immer noch am meisten Zeit aufgewendet: Fast eindreiviertel Stunden nehmen sich die Menschen dafür Zeit. Natürlich gibt es viele Möglichkeiten, auch außerhalb und vor allem zwischendurch etwas zu sich zu nehmen, doch das Bewusstsein für die Bedeutung des gemeinsamen Essens hat sich nach dieser Studie verstärkt. Vielleicht liegt es daran, dass die gemeinsamen Zeiten, die man miteinander zu Hause verbringt, immer seltener werden. Immer umfangreichere Stundenpläne der Kinder, Vereinstermine, Übungsstunden und vieles andere mehr an Verpflichtungen – nicht nur für Erwachsene: Sie lassen die weniger gewordenen gemeinsamen Stunden auch kostbarer erscheinen. Vor allem am Wochenende nimmt man sich Zeit füreinander, wie eben diese Studie auch festgestellt hat – und zunehmend am Abend, der zur gemeinsamen Haupt-Mahl-Zeit wird: nicht nur Tribut, der den gewandelten Umständen gezollt wird, sondern vielleicht auch eine Annäherung an mediterrane Tischgepflogenheiten und Ausdruck eines bewussten Lebensstiles. Keine Rede jedenfalls davon, dass die gemeinsame Tafelrunde in Auflösung begriffen, das Gespür fürs Mahlhalten geschwunden wäre.

Das Wort „Mahl" bedeutet, wie etymologische Wörterbücher sagen, „herausgehobener Zeitpunkt, festgesetzte Zeit". Und nicht nur die festgelegte Zeit ist für das Mahl und sein Verständnis als kleines Fest im Alltag wichtig, sondern auch ein mehr oder weniger geregelter Ablauf mit klar erkennbarem Anfang und Ende, das Abwarten der Vollständigkeit, eine bestimmte Speisenfolge, die regelmäßige Wiederkehr oder auch ein bestimmter Anlass. Essen und Trinken allein und nebenbei ist also noch kein Mahlhalten. „Wenn jeder gleich anfängt zu essen, sobald etwas auf dem Tisch steht, kann kein Mahl mehr stattfinden, sondern nur noch ein stilloses Abfüttern", bringen es Anselm Grün und Meinrad Dufner knapp und treffend auf den Punkt.

Und auch die Zeit, die man sich lässt, spielt für das Essen und Trinken eine wichtige Rolle. Sich Zeit lassen bedeutet ja auch ein Mehr an Genuss, ein Auskosten der Situation im wahrsten Sinne des Wortes, weil man sich wohlfühlt in der Runde, die Zeit anhalten und Gemeinschaft leben will. Und es impliziert auch, Rücksicht zu nehmen auf den langsameren Esser, nicht die Mahlzeit dem Diktat des Schnellsten zu unterwerfen. An der fürstlichen Tafel konnte es früher durchaus geschehen, dass man nur so lange essen konnte und durfte, wie die Fürst brauchte für sein Essen. War er fertig, hieß es auch „fertig" für alle anderen. Kein schönes Beispiel einer gehobenen Mahlkultur – schon der heilige Paulus schrieb den Korinthern einen Satz ins Stammbuch, der sich durchaus als Grundregel für eine Mahl-Zeit werten lässt (1. Korinther 11,33): „Wenn ihr zum Mahl zusammenkommt, Brüder, wartet aufeinander!"

Aufmerksamkeit statt Ästhetisierung
Die tägliche gemeinsame Mahlzeit zu einem kleinen Fest im Alltag zu machen bedeutet nicht ein tägliches Festessen; das wäre weder

gesund noch sinnvoll, weil einem dann die Lust auf das Besondere abhanden kommt. Eher ein Essensfest. Es bedarf dabei gar nicht so sehr der exotischen oder teuren Speisen, auch wenn zahllose Kochsendungen und Werbetrailer, in denen der Alltag auch essensmäßig ästhetisiert erscheint, uns dies suggerieren wollen. Eher bestimmter Aufmerksamkeiten, denn auch der äußere Eindruck spielt eine wichtige Rolle. Tischdecken oder/und farbige Sets, Servietten, Geschirr und die Gläser, die mit der Tischwäsche harmonieren, Dekorationselemente, der Jahreszeit oder Anlässen angepasst, Blumen, Blütenblätter, Kräuterzweige oder Glasperlen, Accessoires verschönen den Tisch auf unspektakuläre Weise. Es sind eben diese Kleinigkeiten, die man sich gelegentlich „gönnt", die das Moment des Besonderen ausmachen: die Kerze auf dem Tisch, die angenehme Musik, ein Glas Wein.

Ja, der Wein überhaupt: Er symbolisiert gewissermaßen das Festliche im Alltäglichen. Der Mensch lebt eben nicht nur vom Brot allein, sondern auch vom Wein, von Lebenslust und vom Überschäumenden, ja vom Luxus. Als Jesus bei der Hochzeit zu Kana Wasser in Wein verwandelte, begnügte er sich nicht mit Tischwein, der es auch getan hätte, wie selbst der Bräutigam verwundert eingestehen muss (Johannes 2,10).

Leider ist nämlich auch das Essen viel zu oft „grauer" Alltag, verläuft monoton, manchmal sogar sprachlos und im schlimmsten Fall mit den immer wieder gleichen Gerichten (wie es in dem englischen Tischgebet-Witz zum Ausdruck kommt: „Jesus Christ! The same yesterday, today and forever …"). Zwar vermittelt dies zunächst auch Eingespieltheit – man weiß, was klappt und was schmeckt, und lässt die Experimente lieber bleiben –, ist aber schade. Ein Speiseplan, gemeinsam aufgestellt, hilft vielleicht zur Abwechslung; man kann sich sogar vornehmen, innerhalb eines Monats kein (Haupt-)Gericht zu wiederholen.

Achtsamkeit des Moments
Die Unterbrechung des Alltags ist wichtig, wie die Benediktinerin Manuela Scheiba schreibt: „Der Mensch sehnt sich nach Unterbrechungen des linearen Zeitverlaufes, nach Störungen durch zyklische, wiederkehrende Einheiten. Ob das die großen Lebenseinschnitte sind, die nach Festen verlangen, oder die einfachen Gliederungen am Tag: Sie vermitteln den Menschen den beruhigenden Eindruck des Wiederkehrenden und des Vertrauten. Er erhält ein Maß; das lateinische Wort für Zeit, ‚tempus', kommt von ‚temperare', mäßigen, ordnen." Das Essen als willkommener Einschnitt ordnet und strukturiert den Tag. Waren die Menschen früher noch vom Glockenschlag der Kirchen in ihrem Tageslauf bestimmt (Angelusläuten), so heute von den Medien, vom Fernsehen und seinen Nachrichtensendungen. Vielleicht hat es mit dem Wunsch nach Strukturen zu tun, dass manche Menschen sogar zu den „heute"-Nachrichten oder der „Tagesschau" essen. Dass solche Sendungen mit ihren oft erschreckenden Nachrichten nicht unbedingt als Tischunterhaltung geeignet sind, ist freilich eine andere Geschichte. Ohnedies scheint es besser, einmal abzuschalten – im wahrsten Sinne des Wortes.

Wir sind permanent abgelenkt, von einer Vielzahl von gleichzeitigen Aktionen und Informationen umgeben (Stichwort: „Multitasking"), vom Planen und Machen und Unternehmen bestimmt, immer auf dem Sprung, auf das Nächste und vor uns Liegende hin ausgerichtet. Das Verweilen in der Gegenwart, das Wahrnehmen dessen, was gerade geschieht, findet oft gar nicht mehr statt. Es gibt in diesem Zusammenhang eine bekannte Geschichte mit einem weisen Rat, der je nach Erzähler von einem Mönch, einem alten Indianer, einem Zen-Meister oder einem Rabbi erteilt wird: Danach gefragt, warum er bei seinen vielen Beschäftigungen so gelassen und ruhig bleiben könne, antwortete dieser: Wenn ich sitze, dann sitze ich. Wenn ich gehe, dann gehe ich. Wenn ich esse, dann esse ich, wenn ich rede, dann rede ich … Die Leute wurden ungeduldig, als sie das hörten: Das tun wir doch auch! Der Mönch/Indianer/Zen-Meister/Rabbi erwiderte: Nein, wenn ihr sitzt, dann geht ihr schon und wenn ihr geht, seid ihr schon da … Ich aber sitze, wenn ich sitze, gehe, wenn ich gehe, und wenn ich ankomme, dann komme ich an.

Die Zuschreibung dieses Ratschlages an einen alten Meister zeigt, dass es hier um ein ursprüngliches Verhalten geht, das uns vielfach verloren gegangen zu sein scheint: das Verweilen im Jetzt, das Wahrnehmen – Hören, Schauen, Riechen, Schmecken – dessen, was gerade geschieht. Das oft beiläufige Essen und Trinken, ein Sandwich auf den Weg oder der „Coffee to go", zeigen leider, wie sehr wir gar nicht mehr auf das Auskosten des Moments bezogen sind. Das aber will das Essen und Trinken als bewusste Unterbrechung, als kleines Fest am Tag sein. Es tut daher gut, beim Essen nur dabei zu bleiben, was man gerade tut, nämlich zu essen, und den Alltag in seinen Fernsehern, Radios, i-Phones oder Handys einmal abgeschaltet und draußen sein zu lassen.

Mahlzeiten sollten nicht auch noch der Zeitökonomie unterworfen werden; das betrifft nicht nur das Essen in der Familie, sondern auch in der Kantine oder im Restaurant: Das „Arbeitsessen" hat eine Funktion – aber auch das widerstrebt dem ursprünglichen Gedanken des Festes. Es geht beim Essen und Trinken auch um die Achtsamkeit für den Moment – das trägt zum Genuss durchaus bei und erleichtert auch das Miteinander.

Vom Wartenkönnen

Zur Achtsamkeit für den Moment, zur Entschleunigung der Mahl-Zeit trug in den letzen Jahren wesentlich auch die Bewegung „Slow Food" bei, die ursprünglich aus Italien kommt und der es nicht nur um ein genussvolles Essen und Trinken geht, sondern auch um ein – mit allen Sinnen – bewusstes Wahrnehmen der Zeit und Region. Beides ist heute nicht mehr selbstverständlich, für manche Menschen auch schwer zu realisieren, weil die Supermarktangebote oft billiger sind als Produkte aus der Region. Zudem erscheint die Möglichkeit, alles zu jeder Zeit haben zu können (womöglich sogar überall gleich genormt schmeckend und aussehend – und billig …) und die Tages-, Wochen- und Jahreszeiten den eigenen Bedürfnissen anzupassen und zu verändern – gar umzukehren –, verlockend; sie verschafft freilich nur auf den ersten Blick einen Zugewinn. Denn die Zeit und ihr Verlauf sind nicht nur ein wichtiger Faktor für die Ordnung des menschlichen Lebens; das Warten und Zeitgeben spielt für das Reifwerden eine wichtige Rolle. Im christlichen Sinn ist das Wartenkönnen sogar eine spirituelle Aufgabe; die Geduld zählt zu den Tugenden, die vom Heiligen Geist geschenkt werden und die der Zeitgeist gar nicht zu kennen scheint, dem es um das Sofort und Jederzeit geht. Cyprian, Bischof von Karthago im 3. Jahrhundert, schrieb: „Erwartung und Geduld sind vonnöten, damit wir ganz das werden, was wir zu sein begonnen haben, und erlangen, was Gott uns vor Augen stellt, was wir nämlich erhoffen und glauben."

Auch für unser Essen und Trinken hat das Warten und Erwartenkönnen Bedeutung. Erdbeeren im Dezember, Spargel im Januar und Kiwi zu jeder Zeit: Das muss nicht sein, das entspricht weder der christlichen Grundhaltung des Wartenkönnens noch einer entsprechend sozialethischen Einstellung – Produkte aus fernen Ländern einfliegen zu lassen, ist höchst problematisch, selbst wenn es Arbeitsplätze schafft. Warum also nicht das Gemüse, das Obst, das der heimische Boden jeweils „aus gutem Grund" zu den Jahreszeiten anbietet? Saisonal heißt eben in vielen Fällen auch regional.

Wenn die Auflösung zeitlicher Strukturen, wie man weiß, krank machen kann, dann kann die zeitliche Ordnung auch heilen, kann Zeit heilvoll sein im wahrsten Sinne des Wortes. Die Sieben-Tage-Woche stellt eine Zeiteinheit dar, die ganz offensichtlich „passt". Und auch die Rhythmisierung dieser sieben Tage ist wichtig. Die Balance zwischen dem einen herausgehobenen Tag und den sechs anderen, zwischen Fest und Alltag, ist bei uns in Gefahr, aus dem Gleichgewicht zu geraten. Das Wochenende lässt den Sonntag untergehen, die Wochentage gleichen sich immer mehr einander an. Dabei hatte und hat jeder

Tag sein eigenes Gesicht, der sich früher auch im Speiseplan widerspiegelte. Es ist keine Nostalgie, daran festzuhalten und den Sonntag kulinarisch anders zu behandeln als den Freitag, den Samstag anders als den Montag, das Fest anders als den Alltag. Im Essen und Trinken die Zeit in ihrer Unterschiedlichkeit auskosten – auch das ist Mahl-Zeit in einem tieferen Sinn.

Und noch ein letzter Gedanke: Das Fest eröffnet inmitten des Einerleis, vielleicht auch des Alltagsdrucks und des Stresses, einen Bereich des Besonderen, der Freiheit, des Aufatmens. „Ruht euch ein wenig aus", sagte Jesus seinen Jüngern, als sie wegen der vielen Leute, die kamen und gingen, nicht einmal Zeit zum Essen fanden (Markus 6,31). Im Psalm 23 heißt es, dass sich gerade in der drangvollen Situation der Herr wie ein Hirt um einen sorgt. „Er deckt mir den Tisch inmitten meiner Feinde. Er salbt mein Haupt mit Öl, er füllt mir reichlich den Becher." Inmitten der Feinde, wie es hier heißt, also inmitten dessen, was einen bedrängt, sich auszuklinken, sich trotzdem und gerade dann und deshalb eine Auszeit zu nehmen, das ist eine besondere Art der Frei-Zeit, in der man etwas von der Fürsorge Gottes verspüren kann. Der Herr ist mein Wirt, mein Restaurateur, mein Erquicker ... er macht die Mahlzeit zur „gesegneten Mahl-Zeit!".

Nimm dir Zeit zum Essen,
denn Essen ist mehr als Nahrungsaufnahme.

Nimm dir Zeit zum Schauen,
damit auch deine Augen satt werden.

Nimm dir Zeit zwischendurch,
denn dein Mund ist nicht nur zum Essen geschaffen.

Nimm dir Zeit für einen Blick auf den anderen Teller,
das belebt die Beziehungen am Tisch.

Nimm dir Zeit für ein Danke,
denn dies ist der beste Lohn für die Küche.

Nimm dir auch Zeit zum Verdauen,
denn deine Seele lebt von einem guten Essen.

Josef Griesbeck

Pariser Zwiebelsuppe Boulanger

600 g Zwiebeln
1 Knoblauchzehe
2 EL Butter
100 ml Weißwein
1,2 l Fleischbrühe
Salz
Pfeffer
4 Scheiben Weißbrot oder Toastbrot
100 g geriebener Käse

Zwiebeln und Knoblauch schälen und in dünne Streifen schneiden. Die Butter zerlassen und die Zwiebeln und den Knoblauch darin hellgelb andünsten. Mit dem Weißwein ablöschen, die Fleischbrühe dazugießen und mit Salz und Pfeffer würzen. Die Zwiebelsuppe bei schwacher Hitze ca. 30 Minuten kochen lassen.

Den Backofen auf 250 Grad Oberhitze vorheizen. Das Brot in kleine Würfel schneiden. Die Suppe in feuerfeste Suppentassen füllen, mit den Brotwürfeln bedecken und mit geriebenem Käse bestreuen. Im heißen Ofen überbacken, bis der Käse goldbraun ist.

2. Genuss und Sünde

Vom schlechten Gewissen beim Genuss und woher es kommt –
sowie vom Genießenkönnen als göttlicher Gabe und Aufgabe

Wer den „Feinschmecker" liest, kauft, so ist zu vermuten, nicht gerade bei Aldi oder Lidl ein (obgleich sich auch aus deren Produkten ganz annehmbare Gerichte zaubern lassen). Die Macher dieser Zeitschrift für gehobenen kulinarischen Lebensstil sehen ihre Leser im Alter zwischen 30 und 60 Jahren, den höheren Einkommensstufen angehörend, gebildet. Und überwiegend katholisch, zumindest nach Ansicht der Chefredakteurin dieses Magazins, die laut einer Reportage des SPIEGEL über den „Klassenmampf" in Deutschland (2006) ihre Leser zumeist eher im Süden und Südwesten Deutschlands beheimatet sieht: „Das sind die Weingegenden, die katholischen Gebiete. Dagegen sind die neuen Bundesländer ganz schwierig und auch Norddeutschland." Sie kann sich dabei auf eine wenige Jahre zuvor erstellte Studie zum Genussverhalten der Deutschen stützen, die auf ähnliche Weise feststellte, dass der eher protestantische Norden und Osten des Landes im Hinblick auf das Genussverhalten zurückhaltender ist.

Gibt es also tatsächlich Unterschiede in der Esskultur, die sich religiös-konfessionell erklären lassen? Der katholische Süden: ein Land, wo kulinarisch gesehen gewissermaßen Milch und Honig fließen, respektive Wein?

Der protestantische Norden, wo Grünkohl mit Pinkel als passendes Gericht zum Buß- und Bettag erscheint? Ob man das heute wirklich noch so sagen kann, sei dahingestellt. Doch unbestritten ist, dass Genuss auch eine religiöse Komponente besitzt. Meist freilich eine negative. „Gesündigt zu haben" wird heute vielfach im Zusammenhang des übermäßigen Genusses oder zumindest des Genusses bestimmter (eigentlich „verbotener") Speisen und Getränke gesehen. „Alltagssünden" entstehen nicht nur bei zu viel, sondern auch bei falschem Genuss. „Gesünder sündigen" empfiehlt daher der Fernseharzt Hademar Bankhofer, „Genuss ohne Reue" wird uns von der Werbung bei bestimmten Produkten suggeriert.

Allzu lange ist es noch nicht her, als während des Karnevals in den Kirchen Bußgebete für die sündhaften Ausschweifungen dieser Zeit in allen fleischlichen und genüsslichen Dingen gehalten wurden. Wer für den Zusammenhang von Genuss und Sünde Belege sucht, wird scheinbar schon auf den ersten Seiten der Bibel fündig: Auch wenn sie gewissermaßen „gesund sündigten", führte doch der Genuss der köstlichen Frucht vom Baum der Erkenntnis Adam und Eva zu der bis heute andauernden Strafe der Vertreibung aus dem Paradies. Einer ihrer ersten Nachfahren, Noach, „wurde der erste Ackerbauer und pflanzte einen Weinberg. Er trank von dem Wein, wurde davon betrunken und lag entblößt in seinem Zelt", wodurch er bei seinen Söhnen Anstoß erregte (1. Mose 9,20-23).

Auch das Neue Testament wertet scheinbar den Genuss ab: Der Apostel Paulus rät, nicht Vorsorge für das „Fleisch zur Erfüllung seiner Lüste" zu treiben und sich nicht Ausschweifungen, Schwelgereien und Trinkgelagen hinzugeben (Römer 13,13f.).

Doch ist es wirklich das, was mit „Genuss" umschrieben ist? Jeder echte Weingenießer wird kein Trinkgelage wirklich erstrebenswert empfinden. „Fresser und Säufer verstehen nichts vom Essen und Trinken." Diesen Aphorismus hat schon Jean Anthèlme Brillat-Savarin (1755–1826) seinem bis heute gelesenen Standardwerk „Die Physiologie des Geschmacks" vorangestellt. Genuss ist ja nicht eine Frage des Übermaßes, sondern der Freude und des Wohlbehagens, die beim Gebrauch entstehen. Woher aber kommt es, dass man Genuss trotzdem häufig mit Sünde gleichsetzt?

Das Bemühen um Askese

Im Christentum hat die Vorstellung des in der Entsagung gelungeneren Lebens viel mit der Aufforderung Jesu zu tun, das Kreuz auf sich zu nehmen und ihm nachzufolgen, um zum wahren Leben zu finden. Der in den Evangelien und auch anderen Schriften des Neuen Testaments wiederholte Aufruf zur Nüchternheit, der auf die Bereitschaft in der Erwartung des wiederkommenden Herrn zielt, mag ein Übriges dazu beigetragen haben. Den christlichen Gemeinden war es zudem in den ersten Jahrhunderten sehr wichtig, sich durch eine Lebensführung in der Mäßigung positiv abzuheben; das galt gerade auch in Hinblick auf die Mahlfeiern. Immer wieder werden die Christen aufgerufen, sich dabei zu mäßigen, um sich dadurch von den damals üblichen Symposien abzuheben. Es gab ja eine heidnische Polemik gegen die Agapefeiern, wie man die nicht-eucharistischen Mahlfeiern der ersten Jahrhunderte nannte; man hatte sie, wohl auch wegen der Bezeichnung (agape, griechisch: Liebe) mit Schmausereien und sexuellen Entgleisungen gleichgesetzt. Daher die Aufforderung zu schlichter Speise und mäßigem Trinken: „Man isst so viel, wie man für den Hunger braucht, und man trinkt so viel, wie Anständigen gut ist", so ordnete es der Kirchenvater Tertullian im 3. Jahrhundert für solche Agapemähler an.

Darf unser Herrgott gute, große Hechte, auch guten Rheinwein schaffen, so darf ich sie wohl auch essen und trinken.
Martin Luther

Der freiwillige Verzicht auch auf Genuss, die Askese, wurde vor allem vom frühen Mönchtum propagiert; hier fand die konsequente praktische Umsetzung eines Gegenentwurfes zur Gesellschaft in der christlichen Spätantike statt. Die an anderer Stelle genannten Wüstenväter (und -mütter) sahen oft schon im Genuss des Essens und Trinkens – von Gelagen ganz abgesehen – den Teufel am Werk, wie es aus einem Wort der Amma (Mutter) Synkletika deutlich wird: „Die Üppigkeit der Weltleute soll dich nicht reizen, als wäre sie etwas Wertvolles. Es geht doch dabei nur um die Lust. Denn bei ihnen ist die Kochkunst in Ehren, aber durch Fasten und einfache Speisen bist du dem Überfluss ihrer Nahrung überlegen."

Über Kassians (Heiliger und Märtyrer, 4. Jahrhundert) Beschreibungen des Lebens der Mönchsväter verbreitete sich auch der asketische Gedanke in die verschiedenen monastischen Strömungen des Mittelalters. Die Klöster als Träger der Bildung und der Kultur waren auch gesellschaftlich relevant, gesellschaftliche Reformen gingen vielfach von ihnen aus – auch was die Esskultur und die Askese anbelangt. Der Zisterzienserabt Bernhard von Clairveaux (1090–1153) hielt allzu genussreiches Speisen für höchst gefährlich: „Wein und Weißbrot, Met und Fett kämpfen auf der Seite des Leibes, nicht der Seele. Durch Gebratenes wird nicht die Seele gemästet, sondern das Fleisch. Viele Brüder dienten Gott in Ägypten lange Zeit ohne Fische. Pfeffer, Ingwer, Kümmel, Salbei und tausend ähnliche Arten von Fischsaucen schmecken natürlich dem Gaumen, entzünden jedoch die Begierde ... Für einen, der besonnen und

nüchtern lebt, genügt als Gewürz Salz zusammen mit Hunger." Also auch für ihn galt offensichtlich: Hunger ist der beste Koch.

Die verschiedenen Bemühungen um eine Korrektur in der geistlichen Lebensführung auch in Bezug auf Genuss und Mäßigung zeigen aber, dass gerade kirchlicher- bzw. klösterlicherseits ein Hang zum Genießen, ja zum Ausschweifen gegeben war, der durch allerlei Spitzfindigkeiten und Ausnahmeregelungen noch unterbaut wurde. Das hatte ursprünglich durchaus elementare Gründe: Die Angst vor Hungersnöten und Kälteeinbrüchen machte auch vor Klöstern nicht Halt; reichliches Essen war eine Art Lebensversicherung. Ins kollektive Gedächtnis haben sich so leider der dicke Mönch, barocke Gaumenfreuden und katholisch-klösterliche Tafelgenüsse eingegraben; ein Buchtitel wie „Schlemmen hinter Klostermauern" greift diese Einstellung gern auf und bedient sie weiter, inzwischen sicher vielfach fernab der Wirklichkeit.

> *Tu deinem Leib etwas Gutes, damit er Lust hat, darin zu wohnen.*
> Theresa von Avila

Ausschweifung als Abweichung

Wenn man von den asketischen Bemühungen absieht, wird der reine Genuss der Speisen und Getränke auch nicht als Sünde erachtet; es ist vielmehr die Ausschweifung, die verworfen wird; schon der dem Apostel Paulus zugeschriebene (aber wohl nicht von ihm stammende) erste Brief an Timotheus tadelt die Frau, die ein ausschweifendes Leben führt; „sie ist schon bei Lebzeiten tot" (1. Timotheus 5,6). Ausschweifung als Abweichung: Nichts anderes ist „Sünde", die schon im Alten Testament als ein Abweichen vom rechten Weg – Ver-gehen – verstanden wird. Das trifft aber auf den reinen Genuss nicht zu. Von Johannes Calvin (1509–1564) stammt ein wunderbares Plädoyer für den Genuss – ausgerechnet von dem Genfer Reformator also, dem doch, vielleicht nicht zuletzt seines eigenen asketisch wirkenden Äußeren wegen, eher Zurückhaltung in diesen Dingen unterstellt wird:

„Der Gebrauch der Gaben Gottes geht nicht vom rechten Wege ab, wenn er sich auf den Zweck ausrichtet, zu dem uns der Geber selbst diese Gaben erschaffen und bestimmt hat. Er hat sie nämlich zu unserem Besten erschaffen und nicht zu unserem Verderben. Deshalb wird keiner den rechten Weg besser innehalten als der, welcher diesen Zweck fleißig im Auge behält. Wenn wir nun also bedenken, zu welchem Zweck er die Nahrungsmittel geschaffen hat, so werden wir finden, dass er damit nicht bloß für unsere Notdurft sorgen wollte, sondern auch für unser Ergötzen und unsere Freude! So hatte er bei unseren Kleidern außer der Notdurft auch anmutiges Aussehen und Anständigkeit als Zweck im Auge. Kräuter, Bäume und Früchte sollen uns nicht nur mancherlei Nutzen bringen, sondern sie sollen auch freundlich anzusehen sein und seinen Wohlgeruch haben. Wäre das nicht wahr, so könnte es der Prophet nicht zu den Wohltaten Gottes rechnen, dass ‚der Wein des Menschen Herz erfreut' und dass ‚seine Gestalt schön werde vom Öl' (Psalm 104,15). Dann könnte uns die Schrift auch nicht immer wieder zum Lobpreis seiner Güte daran erinnern, dass er selbst solches alles den Menschen gegeben hat! Auch die natürlichen Gaben der Dinge selbst zeigen uns ausreichend, wozu und wieweit man sie genießen darf. Hat doch der

Herr die Blumen mit solcher Lieblichkeit geziert, dass sie sich unseren Augen ganz von selber aufdrängt, hat er ihnen doch so süßen Duft verliehen, dass unser Geruchssinn davon erfasst wird – wie sollte es dann ein Verbrechen sein, wenn solche Schönheit unser Auge, solcher liebliche Duft unsere Nase berührte? Wie, hat er denn nicht die Farben so unterschieden, dass die eine anmutiger ist als die andere? Wie, hat er nicht Gold und Silber, Elfenbein und Marmorstein solche Schönheit geschenkt, dass sie dadurch vor anderen Metallen und Steinen kostbar werden? Hat er nicht überhaupt viele Dinge über den notwendigen Gebrauch hinaus kostbar für uns gemacht?" (Institutio Christianae religionis III,10,2)

Genuss als Freude am Geschaffenen

„Hat Gott nicht viele Dinge über den notwendigen Gebrauch hinaus kostbar für uns gemacht?" Kostbar – im wahrsten Sinne des Wortes: zu kosten und zu schmecken. Dass der Genuss nicht gegen Gott gerichtet ist und sein kann, erklärt sich also daraus, dass er es ja ist, der das geschaffen hat, was wir schmecken und genießen können. „Der liebe Gott", so sagt der Buch-Autor Manfred Lütz, „hat die ganzen leckeren Sachen erfunden. Da müssen wir sie fairerweise auch mal genießen." Der Weisheitslehrer Kohelet schreibt schon im 3. vorchristlichen Jahrhundert ganz ähnlich: „Ist's nun nicht besser für den Menschen, dass er esse und trinke und seine Seele guter Dinge sei bei seinem Mühen? Doch dies sah ich auch, dass es von Gottes Hand kommt. Denn wer kann fröhlich essen und genießen ohne ihn?" (Prediger 2,24) In den Psalmen ist der Genuss sogar Ausdruck eines gesegneten Lebens, das man führen kann, wenn man den Herrn fürchtet und auf seinen Wegen geht: „Was deine Hände erwarben, kannst du genießen; wohl dir, es wird dir gut ergehen" (Psalm 128,2). Martin Luther nahm die Teilnahme Jesu an der Hochzeit zu Kana als Argument für sinnenfrohes Feiern – auch der eigenen Hochzeit: „Christus lässt merken, dass er keinen Missfallen hat an der Kostung der Hochzeit ... denn Braut und Bräutigam müssen ja geschmücket sein; so müssen die Gäste ja auch essen und trinken, sollen sie fröhlich sein ..." Ja, der von ihm aus Wasser gewandelte Wein schmeckte sogar besser als der zur Neige gegangene Fest-Wein, was Theologen über die Frage sinnieren lässt: War Jesus gar ein Gourmet?

Wie immer: Genuss ist ein höchst sinnliches Erleben und damit eben von Gott geschenkt. Eine Gabe – und auch eine Aufgabe, wie Jean Anthèlme Brillat-Savarin in einem anderen Aphorismus sagt: „Der Schöpfer hat dem Menschen die Verpflichtung auferlegt zu essen, um zu leben; er lädt ihn dazu durch den Appetit ein und belohnt ihn durch den Genuss."

Wir lassen uns gleich die Köstlichkeiten schmecken
und sind dankbar für alle Würze und den Geschmack,
die diese Erde hervorbringt.

Du, Gott,
hast uns nicht nur einen biologischen Körper gegeben,
sondern auch die Sinne
für das Genießen der Speisen und Getränke:

Mit den Augen sehen wir, wie herrlich alles zubereitet wurde.
Mit dem Gaumen schmecken wir die Früchte deiner Schöpfung.

Der gute Duft der Speisen lässt den großen Appetit kommen.

Wir wissen und hören immer wieder deine Zusage,
dass du mitten unter uns bist,
wenn wir in deiner Liebe leben.

Und nun greifen wir in Freude und Dankbarkeit zu.

Josef Griesbeck

Zabaione

5 Eigelb
4 EL Zucker
150 ml Marsala (italienischer Dessertwein) oder Portwein

Die Eigelbe mit dem Zucker in einem Schlagkessel oder einer Metallschüssel über einem heißen Wasserbad schaumig-cremig aufschlagen. Die Masse nicht zu stark erhitzen (auf keinen Fall kochen), sonst gerinnt das Eigelb. Während des Schlagens nach und nach den Marsala zugeben. Die Zabaione warm zu Eis oder Früchten servieren. Sehr gut passen auch Kekse und Waffeln dazu.

Variationen

Prosecco-Zabaione
5 Eigelb, 5 EL Zucker, 150 ml Prosecco, abgeriebene Schale von einer unbehandelten Zitrone

Campari-Zabaione
5 Eigelb, 5 EL Zucker, 75 ml Campari, 75 ml Orangensaft

Weihnachts-Zabaione
5 Eigelb, 3 EL Zucker, 150 ml Glühwein, abgeriebene Schale von einer unbehandelten Zitrone, 1 Prise Zimtpulver

Schokoladen-Zabaione
5 Eigelb, 3 EL Zucker, 200 ml Milch, 1 EL Kakaopulver, 1 EL Crème de Cacao (Kakaolikör)

Balsamico-Zabaione (zu gebratenem Fisch)
2 Eigelb, 50 ml Bratenfond, 3 EL Weißwein, 2 EL Balsamico-Essig, 1 Prise Zucker

Bier-Senf-Zabaione (zu gebratenem Schweinefilet)
4 Eigelb, 300 ml Bier, 3 TL Senf, Salz, Pfeffer, 1 Prise Zucker

3. Verzicht und Solidarität

Von Wurst und Fleisch in der Fastenzeit, vom Fasten als ver-rücktem Zustand und was wir vom Ramadan lernen können

Am 9. März des Jahres 1522 wurde im Haus des Zürcher Druckers Christoph Froschauer Wurst gegessen! Diese Meldung, die heute wohl den meisten Menschen im wahrsten Sinne des Wortes völlig „wurst" wäre, schreckte damals viele fromme Bürger auf und gelangte gar vor den Rat der Stadt, denn: Es war der Sonntag nach Aschermittwoch und Fastenzeit! Angeblich seien der Drucker und seine Mitarbeiter von der Arbeit an einem Buch so beansprucht gewesen, dass die kärgliche Fastenspeise allein nicht genügte, um sie bei Kräften zu halten. Huldrich Zwingli (1484–1531), Leutpriester am Großmünsterstift, der zufällig an diesem Tag im Hause Froschauer anwesend war (aber angeblich nicht mitaß), machte das Vorkommnis vollends öffentlich und predigte nur zwei Wochen später über die „Freiheit der Speisen"; wiederum nur wenige Tage darauf, am Gründonnerstag 1522, publizierte er seine Predigt. Der Skandal war da, der Reformator geboren. Ein Fastenbrechen mit Folgen bis heute.

Ein Bruch nämlich nicht nur insofern, als man mit einer Tradition brach, die im Christentum seit Jahrhunderten bestand, sondern auch mit dem, was „Fasten" meint: Das Wort bedeutet etymologisch soviel wie „fest machen" und zielt damit auf eine äußere Ordnung, an der man sich festhält. Eben dieser Rahmen, den man nicht nur als zu beengend erachtete, sondern vor allem als unbiblisch, wurde gebrochen. Tatsächlich gibt es keine biblische Regel, die den Christen bestimmte Fastentage oder -zeiten vorschreibt. Das Fasten hat sich erst im Laufe der Jahrhunderte institutionalisiert. Aber es ist keineswegs unbiblisch, es ist eine körperliche und mehr noch geistliche Praxis, die vielen Religionen gemeinsam ist.

Menschen fasten aus verschiedenen Gründen: Manche können nichts essen und trinken, weil ihnen die Trauer buchstäblich die Kehle zuschnürt und erst gar nicht den Gedanken an Essen aufkommen lässt. Sie fasten, weil sie Buße tun, bewusst auf die Freuden des Essens und Trinkens verzichten wollen. Menschen fasten, weil sie sich innerlich reinigen und entschlacken, von inneren und äußeren Abhängigkeiten befreien wollen. Sie fasten, weil es ihnen als Vorbereitung auf eine bestimmte Aufgabe oder einen besonderen Anlass dient. Manche Menschen fasten, um damit politisch etwas durchzusetzen, oder aus Solidarität mit den hungernden Menschen neben ihnen. Und sie fasten, weil sie Gewicht verlieren wollen. Letzteres Motiv ist nicht unwichtig, weil – zumindest bei uns – tatsächlich viele Menschen zu viel Gewicht mit sich tragen und es ihnen gut tut, gelegentlich einen Fasttag einzulegen. Denn das Fasten hat zweifelsfrei einen wichtigen körperlichen Effekt; Ambrosius, Bischof der Stadt Mailand im 4. Jahrhundert, bezeichnet es als ein „Heilmittel", die Ärzte des Mittelalters sprachen beim Fasten von einem „inneren Arzt" und auch heutige Mediziner sehen darin eine wichtige Form der Gesundheitsvorsorge. Aber ebenso hat das Fasten einen spirituellen Aspekt.

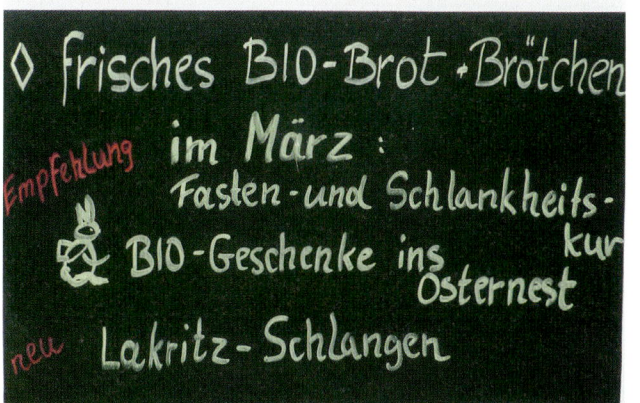

Ver-rückter Zustand

In fast allen Fällen wollen Menschen, die bewusst fasten, etwas verändern, in sich, an sich oder auch für andere. Oder aber sie bringen durch das Fasten eine Veränderung zum Ausdruck, die ihnen widerfahren ist. Am Beispiel der Trauer zeigt sich dies am besten: Menschen, die tief erschüttert sind, denken nicht ans Essen, sie verweigern sich der Nahrung. Es ist eine Grunderfahrung des Fastens – auch insofern, als eben erschütternde Ereignisse nicht ausschließlich im Kopf abgearbeitet werden, die Menschen vielmehr ganzheitlich, mit Leib und Seele, auf Veränderungen im Leben, auf Krankheiten, auf Unfälle, auf den Tod reagieren. Ein Kranker wird ermutigt, er müsse jetzt etwas essen, und die normale Praxis des Essens soll nicht zuletzt auch zur Normalität der Gesundheit zurückführen. Beim Fasten wird genau das Gegenteil angezielt, wie es der Theologe Wolfgang Werner einmal beschrieben hat: „Wir versetzen uns in einen ver-rückten Zustand, versetzen uns in einen Raum des Nicht-Normalen, setzen darauf, dass sich uns mittels dieser Technik die in uns verschütteten Bereiche öffnen, dass Weggeschobenes wieder erreichbar wird. Das ist kein Selbstzweck, vielmehr erwarten wir davon, dass wir neu uns orientieren lernen – von innen heraus. Ein Fasten, das vom Geist der Religion getragen ist, erstrebt positive Änderungen in der Persönlichkeit und weiß gleichzeitig, dass das nur gelingen kann, wenn auch der Leib in diese Veränderungen einbezogen wird. Im Kopf sind wir ja schnell geänderte Menschen, die Seele und der Körper tun sich da zumeist schwerer. Fasten ist somit ein umfassendes Experiment mit sich selbst, wobei man auf einen guten Ausgang setzt: ein Mehr an Entschiedenheit, ein Mehr an

> *Das Fasten ist ein unersetzliches Training, um in den Wettkämpfen des Lebens den Sieg davonzutragen.*
> Papst Johannes Paul II.

Klarheit, ein Mehr an Verbindlichkeit. Beim Fasten verzichtet man darauf, Menschen und Umgebung ändern zu wollen, man sieht Änderungsbedarf vor allem bei sich. Damit eröffnen wir uns selber die Chance, Entscheidendes der Religion wieder wahrzunehmen."

Leicht wie die Engel

Die Erschütterung als Grunderfahrung: So stand denn auch die Trauer am Anfang des christlichen Fastens. Die Trauer darüber, dass ihnen durch den Tod am Kreuz „der Bräutigam genommen" (Matthäus 9,15) war, ließ die Gläubigen an den Tagen vor Ostern auf das Zusichnehmen von Speisen und Getränken verzichten. Erst die Verbindung mit der Vorbereitung auf die Taufe in den Wochen vor Ostern, dem alten Tauftermin, institutionalisierte diese Einstellung und brachte die vierzig Tage der Fastenzeit hervor. Schon Jesus fastete ja vierzig Tage in der Wüste, ebenso viele Tage war der Prophet Elija zum Gottesberg Horeb unterwegs. Die Fastenzeit wurde so zu einer geistlichen Wegstrecke, die es zurückzulegen galt.

Es kommt nicht von ungefähr, dass im Zusammenhang des Fastens das Bild des Weges und des Laufens gewählt wird; das Fasten über längere Zeit hinweg gleicht ja durchaus einem Lauf oder einer mühsamen Wanderung; im geistlichen Sinn einem Pilgern, einer Wallfahrt: Die Entbehrungen, die man dabei auf sich nimmt, dienen einem Ziel, dem Sieg des Geistes über den Körper und seine Begierden. Ähnlich einem Athleten spricht schon Paulus im Zusammenhang seines geistlichen Lebens von einem Wettkampf, den er zu gewinnen sucht, auch mithilfe der Unterwerfung des Leibes (1. Korinther 9,24-27). Das Fasten erscheint so als eine Art Training, als Selbstzucht, die hilft, das gesteckte Ziel zu erreichen; es ist eben kein Selbstzweck. In ihren geistlichen Hymnen muntern sich die ostkirchlichen Christen bis heute zur Mitte der Fastenzeit auf, „die Rennbahn des Fastens" zu vollenden, nachdem sie „der Fasten Mühe" zur Hälfte hinter sich gebracht haben.

Und noch etwas hat die Fastenzeit mit einem Lauf gemeinsam: Wer einen langen und beschwerlichen Weg oder anstrengenden Lauf durchhält, wer abgeschlagen und zugleich hochgestimmt nach Stunden, Tagen, Wochen oder Monaten am Ziel seines Weges wie an einem Gnadenort ankommt, der hat bereits eine wunderbare Erfahrung gemacht: dass nämlich die Überwindung körperlicher Mühen Flügel verleiht. Als der Regisseur Werner Herzog, so stand zu lesen, davon hörte, dass die große alte Dame des deutschen Films, Lotte Eisner, in Paris auf den Tod erkrankt dar-

Wer fastet, ist den Engeln ähnlich.
Basilius der Große

niederlag, ging er drei Wochen lang auf dem geradesten Weg nach Paris, „in dem sicheren Glauben, sie werde am Leben bleiben, wenn er zu Fuß käme". Und so war es dann auch. Als er bei Lotte Eisner eintraf, sagte er zu ihr: „Madame, öffnen Sie das Fenster: Seit ein paar Tagen kann ich fliegen." Auch das Fasten erleichtert – im wahrsten Sinne des Wortes. Dem „engelgleichen Leben", das schon die alten Mönchsväter (und -mütter) nicht zuletzt mittels der Mühen des Fastens erstrebten, kann auf diese Weise näher gekommen werden.

Gemeinschaft und Solidarität

Diese körperliche „Erleichterung" unterscheidet das Nahrungsfasten von anderen Formen des Verzichts, wie sie etwa in der Aktion „Sieben Wochen ohne" praktiziert werden. Der Verzicht auf das Essen und Trinken ist sicherlich die stärkste Form einer äußerlichen und bewussten „Erschütterung" des menschlichen Alltags – allein schon deshalb, weil es die Zeitstruktur des Gewohnten, die durch das Essen gegeben ist, außer Kraft setzt. Wenn daher von der „Mühe des Fastens" gesprochen wird, ist das durchaus so gemeint, denn es erfordert eine nicht einfache Umstellung des Alltags. Und es ist keine Frage, dass das Aufsichnehmen solcher Mühe in Gemeinschaft besser gelingen kann und einen allgemeinen Rahmen braucht, der auch durchtragen kann. Den eben will die christliche Fastenzeit ähnlich wie der Ramadan geben, auch wenn Letzterer inzwischen ungleich schwerer erscheint. Und noch etwas scheint hier anders zu sein: Das tägliche Fastenbrechen am Abend, wenn nach der Länge des Tages erstmals wieder Speisen und Getränke zu sich genommen werden dürfen, wird im Islam gern in Gemeinschaft und in fröhlicher Stimmung vollzogen. Ein Muslim, mit dem ich mich darüber unterhielt, erzählte mir, dass er sich nicht erinnern könne, jemals das Fastenbrechen ohne größere Gemeinschaft begangen zu haben: „Entweder aßen wir in der Familie mit vielen Freunden und Bekannten – oder ich war eingeladen, bei Verwandten, Nachbarn oder Freunden." Fasten schafft Gemeinschaft – auch in der Solidarität, denn es macht ja für jeweils einen Tag alle gleich: Der Arme und der Reiche – beide hungern. Und die fröhliche Gemeinschaft am Abend zeigt auch: Fastenzeit muss nicht sauertöpfisch sein.

Wenn ihr fastet, so sagt es Jesus, macht kein finsteres Gesicht wie die Heuchler. Sie geben sich ein trübseliges Aussehen, damit die Leute merken, dass sie fasten (Matthäus 5,16). Dieses Wort aus der berühmten Bergpredigt steht bei Matthäus im Zusammenhang des Almosengebens und des Betens. Almosen, Fasten und Gebet: Diese Trias zeigt, dass das Fasten nicht nur den eigenen Körper und Geist betrifft, sondern sinnvollerweise begleitet sein muss von der Beziehung zu Gott im Gebet und zu den anderen Menschen im Wahrnehmen ihrer Not. Wirkliches Fasten ist daher – ähnlich dem Essen – in ein dreidimensionales Beziehungsgefüge eingebunden; wer fastet, möchte Veränderung, eine Revision nicht nur seiner selbst, sondern auch in Bezug auf Gott und die Menschen. Daher steht der Ruf zur „revision de vie", „Kehret um", auch am Beginn der christlichen Fastenzeit, der „Gnadenzeit", wie sie auch genannt wird.

Vom Fleischverzicht
Noch einmal zurück zum Wurst essenden Drucker Froschauer aus Zürich. Wie kommt es eigentlich zum Fleischverzicht in der Fastenzeit? Tatsächlich lassen sich weder im Alten noch im Neuen Testament Belege für den Verzicht auf Fleischliches in der Fastenzeit anführen. Insofern hatte Zwingli durchaus Recht. Allerdings meint der Verzicht auf Fleischliches auch kein Fasten, sondern zunächst eine Abstinenz, Enthaltung von bestimmten Speisen. Wir verdanken diese Form der Abstinenz, die zum Fasten hinzutreten kann, den alten Asketen und Mönchen, die auf Fleisch und darüber hinaus auf Eier, Milch und Käse verzichteten, auch auf Wein als Ausdruck der Festlichkeit und Freude. Die üblichen Fastenspeisen waren Brot mit Salz, Wasser, dazu noch Hülsenfrüchte, Kräuter, Gemüse, verschiedene Obstsorten wie Datteln und Feigen. Die Asketen zogen dabei das rohe Gemüse dem gekochten vor, das für viele schon den Charakter einer Festspeise an sich trug. Ihnen ging es darum, ein engelgleiches Leben anzustreben, das frei ist von Leidenschaften der Seele und bewusst anknüpft an einen paradiesischen Ursprung und die Zeit vor der Sintflut, als die Menschen kein Fleisch aßen, wie es der Kirchenschriftsteller Hieronymus (347–419) beschreibt (vgl. 1. Mose 9,3).

Vermittelt über das Mönchtum nahm auch die Großkirche vieles davon auf, vor allem das Verbot der Fleischspeisen; der Verzicht auf sie gehörte zur Fastenzeit und zur Buße wesentlich hinzu. Lediglich den Schwächeren (Kranken) wurden sie zugestanden. Besonders in den Klöstern wurde dies durchaus streng beachtet. Ohnedies galt Fleisch als förderlich für die (sexuellen) Leidenschaften, vor allem im mönchischen Verständnis damit als bedrohlich für das angestrebte engelgleiche Leben. Das war denn auch die große Stunde des Fisches; dessen Fortpflanzung im Wasser verstand man als nicht sexuell, insofern konnte er auch die Leidenschaften des Fleisches nicht erregen. Und noch mehr mag für ihn in diesem Sinn gesprochen haben, insofern nämlich der auferstandene Herr selbst nach Fisch verlangt hatte (Johannes 21,10). So kam es zur Verbindung von Freitag und Fisch; bis heute ist ja dieser Tag nach ka-

tholischem Verständnis ein Buß- und Abstinenztag, der aber Fischspeisen zulässt. Interessanterweise hat sich das Festhalten daran auch über die Reformation bewahrt; noch immer ist der Freitag derjenige Tag, an dem der meiste Fisch verkauft wird.

Wie wichtig den Menschen früherer Jahrhunderte diese Fasten- und Abstinenzgebote waren, erhellt eine Frage, die in einer oberrheinischen Kirchenzeitschrift zu Anfang des 20. Jahrhunderts gestellt und erwogen wurde: ob nämlich am Freitag MAGGI erlaubt sei. In der Antwort wurde festgestellt, dass die verschiedenen Untersuchungen und ärztlichen Urteile dafür sprechen, dass man sich der Maggi's Suppen-Würze ohne Bedenken an Freitagen und an den sonstigen vorgeschriebenen Abstinenztagen bedienen darf. Weiter wird dann differenziert: „Was nun Maggi's Suppen-Würfel betrifft, so sind in verschiedenen Gegenden Deutschlands die Ansichten geteilt, da sie zum Teil tierisches Fett enthalten. In der einen Diözese hält man den Gebrauch dieser Würfel für den Freitag erlaubt, in der anderen nicht. Weil in unserer Diözese Rottenburg Tierfett zum Schmelzen auch an Freitagen genommen werden darf – mit Ausnahme des Karfreitags –, so besteht gegen Maggi's Suppen-Würfel wohl kein Bedenken."

Uns Heutigen erscheint eine solche Frage vielleicht nur kurios und wir schütteln den

Kopf angesichts der damaligen Diskussionen. Doch wie würden die Menschen von damals über unsere heutigen Fastengebräuche denken, bei denen am Aschermittwoch und Karfreitag Buffets mit Edel-Fisch angeboten werden, wo der Anstich des Starkbiers mitten in der Fastenzeit mit einem verkleideten Mönch in der Bütt zur schenkelklopfenden Gaudi gerät und man eifrig und augenzwinkernd dem „flüssigen Brot" zuspricht, das ja angeblich das Fasten nicht bricht? Wir halten in Wirklichkeit das Fasten kaum noch und dazu den lieben Gott noch ein bisschen zum Narren. Ein wirkliches Fasten kann erleichtern – körperlich und seelisch; es kann heilen und heilsam sein für Leib und Seele. Hoffentlich werden angesichts unserer Fastenpraxis daher also nicht wir eines Tages von anderen gewogen und als zu leicht befunden …

Wenn ihr fastet, macht kein finsteres Gesicht wie die Heuchler.

Sie geben sich ein trübseliges Aussehen,
damit die Leute merken, dass sie fasten.

Amen, das sage ich euch: Sie haben ihren Lohn bereits erhalten.

Du aber salbe dein Haar, wenn du fastest,
und wasche dein Gesicht, damit die Leute nicht merken,
dass du fastest, sondern nur dein Vater,
der auch das Verborgene sieht; und dein Vater,
der das Verborgene sieht, wird es dir vergelten.

Matthäus 6,16-20

Schweizer Wurstsalat

600 g Fleischwurst, in Streifen geschnitten
250 g Emmentaler, in Streifen geschnitten
1 Zwiebel, fein gewürfelt
5 Gewürzgurken, in Scheiben geschnitten
2 EL Essig
3 EL Gurkensud
1 TL Senf
3 EL Öl
Salz
Zucker
Pfeffer

Aus Essig, Gurkensud und Senf eine Marinade bereiten, mit Salz, Zucker und Pfeffer abschmecken und das Öl unterrühren. Fleischwurst, Käse, Zwiebeln und Gewürzgurken mit der Marinade vermischen und den Salat gut durchziehen lassen.

4. Zerstören und Genießen

Von der Ambivalenz des Essens, der Verdrängung des Zerstörenmüssens, um genießen zu können, und vom Leben aus dem Tod

Meerrettich – eine bis zu einem Meter hoch wachsende Staude, deren kulinarische Bedeutung im Boden verborgen in der Wurzel liegt. Verborgen in zweierlei Hinsicht, denn geschmacklich gibt die Wurzel als Ganze nicht viel her, vor allem nicht die frische Schärfe, für die der Meerrettich – oder Kren, wie man ihn in Franken, Bayern oder Österreich nennt – berühmt ist. „Also nimmt der Kochende das Reibeisen, reißt die Wurzel in Fetzen auseinander, die Struktur wird zerlegt, dabei öffnen sich die Gefäße, und frei werden die ätherischen Öle, die Säfte, die chemischen Substanzen. So können sie auf die Sensoren wirken und den Genuss liefern. Die ganze Gestalt muss zerstört werden, wenn die Geschmackswerte wahrgenommen werden sollen. Was auf der Zunge zergeht, stirbt." So Gottfried Bachl in seinem Buch „Eucharistie – Macht und Lust des Verzehrens".

Essen und Trinken haben – wie schon dargestellt – zweifellos viel mit Genuss zu tun. Nicht immer selbstverständlich, denn es gibt auch Situationen, in denen wir ohne großen Genuss auf einer Scheibe Brot herumkauen oder etwas mit wenig Freude in uns hineinlöffeln: „Der Hunger treibt's rein", wie dann gesagt wird. Aber idealerweise verbindet sich mit dem Essen ein höchst sinnenreiches Erlebnis – und vielfach auch schon vorher, beim Zubereiten, wenn sich in der Küche die verschiedensten Gerüche ausbreiten und mischen, die zusammen mit entsprechenden brutzelnden und schmurgelnden Geräuschen einem das Wasser im Munde zusammenlaufen lassen. (Der durch verschiedene Fernsehsen-

dungen bekannt gewordene Koch Johann Lafer erzählte einmal in einem Interview, dass er diese durch das Fernsehen nicht darstellbare odoratische Seite des Essens – Geruch und Geschmack – zumindest akustisch zu vermitteln versucht, indem er immer wieder ausruft, wie gut etwas gerade riecht oder schmeckt.) Und vielleicht noch früher bei der Auswahl der Zutaten, wenn der Gang über den Markt mit den Eindrücken von Farben, Formen und Gerüchen der Früchte der Erde einen Vorgeschmack bietet. Wer nur noch Fertigmenüs auftaut oder sich aus der Mikrowelle bedient, dem entgeht dieser höchst sinnliche Genuss; es ist leider dieselbe Einstellung, die Menschen im Restaurant nicht nach den vollmundigen Namen der Gerichte, sondern nach Nummern bestellen lässt: „Einmal die 82 bitte …"

Der Genuss des Essens und Trinkens selbst lässt sich noch steigern durch eine entsprechende Gestaltung des Essraumes und Tisches, durch das Anrichten der Speisen auf dem Teller, durch begleitende Musik oder stimmige Beleuchtung, vor allem durch die Gemeinschaft und das Gespräch mit anderen Menschen, mit denen zusammen man Speisen und Getränke zu sich nimmt. Das Essen und Trinken kann so eine höchst ästhetische Angelegenheit sein, die alle unsere Sinne anspricht und Glücksgefühle auslöst. Viele Menschen lassen sich daher beim Essen Zeit, steigern währenddessen auch noch die Genüsse, heben sich zum Beispiel den besten Bissen zum Schluss auf, den sie dann beseligt kauen.

So kommt es auch nicht von ungefähr, dass das Essen und Trinken zu den Themen in unserer Gesellschaft zählt, die derzeit am stärksten präsent sind. Opulent aufgemachte Bücher und anregende Fernsehsendungen führen uns die Ästhetik der Speisen und den Genuss des Mahlhaltens vor Augen, nachdem wir den Zeiten einer puren Not-Wendigkeit des Essens und Trinkens, die es nach dem Krieg gab, entwachsen sind. Essen und Trinken sind Teil der Kultur, der Ästhetik, ja der Kunst: „Eat-Art".

Von der Ambivalenz des Essens

Dabei ist der rein physiologische Vorgang des Essens und Trinkens eher wenig ästhetisch: Ein Nahrungsmittel wird in eine Körperöffnung geschoben, abgebissen – manchmal auch abgerissen – und zerkleinert, von den Zähnen zerkaut, mit Speichel durchmischt, um die Speise gleitfähig zu machen. Der so entstandene Brei, Bolus genannt, wird nun in den Rachen geschoben und rutscht, nachdem der Schluckreflex durch Berühren der Rachenhinterwand durch den Bolus ausgelöst ist, durch die Speiseröhre in den Magen. Der untere Speiseröhrenschließmuskel schließt diesen wieder und der einzelne Vorgang des Essens (Kauen und Schlucken) ist beendet und setzt einen weiteren frei. Bereits im Mund beginnt der Verdauungsvorgang, der sich im Magen und Darm fortsetzt. Vom Magenknurren über das Knacken beim Abbeißen harter Nahrung, dem Mahlen der Kiefer und Malmen der Zähne, dem Schmatzen beim Kauen und den Geräuschen beim Schlucken bis zum Aufstoßen von Luft bzw. Kohlendioxid und Entweichen von Darmgasen können unschöne Laute den Vorgang des Essens und Trinkens begleiten, weshalb zu den Tischmanieren das Kauen mit geschlossenem Mund (schon allein der Optik wegen) sowie das Unterlassen von den Verdauungsvorgang begleitenden Geräuschen zählt, weil sonst die Ästhetik des Essens und Trinkens empfindlich gestört würde.

Es steckt also eine eigentümliche Ambivalenz in diesem Tun; etwas scheinbar Unästhetisches, ja teilweise Gewaltmäßiges, wird gewandelt in einen Vorgang, der höchste Sinnesfreude hervorrufen kann. Und wenn man ihn noch weiter fasst, wird die Ambivalenz noch stärker, denn ohne vorheriges Töten bzw. Zerstören von Lebendigem kann es keine Nahrung geben und damit auch kein Leben.

Wer lebt, muss essen; wer nicht isst, stirbt; wer isst, muss töten, zumindest zerstören und vernichten, um leben zu können. Der Einblick in diese unmittelbaren existenziellen Zusammenhänge ist uns in unserer Zeit vielfach abhanden gekommen, sie sind aber immer noch bei jedem Essen latent mit auf dem Teller: Jedes Stück Wurst oder Fleisch entstammt einem Tötungsvorgang – und was nicht getötet wurde, wird doch zerstört, verzehrt und hört auf zu existieren, um aber gerade dadurch Leben zu gewährleisten. Nicht nur Leben im biologischen Sinn setzt das Zerstören frei, auch Leben im Sinne des Genusses wie es am Beispiel des Meerrettichs deutlich wurde.

Zerstören, um zu genießen

Einverleiben der Nahrung bedeutet also immer auch Vernichtung. Weder Pflanze noch Tier bleiben davon verschont, vernichtet zu werden, um Nahrung werden zu können, ja manchmal auch nur Dekoration der Nahrung. Auch Vegetarier wenden eine Form von Gewalt an, wenn auch nicht gegen Tiere; Menschen, die Fleisch aus artgerechter Tierhaltung kaufen, nehmen trotzdem in Kauf, dass auch diese Lebewesen getötet werden, ja nur dazu gehalten werden, um uns zur Nahrung zu werden.

Die existenzielle Voraussetzung des Essens, das Töten, wird uns heute weitgehend abgenommen, wir blenden die blutigen Voraussetzungen auch gern aus. Fleisch erscheint abstrakt, sauber und fast unblutig im Supermarkt in Plastikschalen vorgelegt; Brot, das in seiner Zubereitung aus verschiedenen Wandlungsvorgängen besteht, die auch jeweils Zerstörung beinhalten, ist fertig gebacken,

geschnitten und in Folie abgepackt. Vielleicht liegt es auch mit daran, dass der religiöse Aspekt des Leben und Tod berührenden Vorgangs des Essens und Trinkens vielen Menschen von heute kaum mehr präsent ist.

Denn an der Schnittstelle (oft im wahrsten Sinne des Wortes) von Leben und Tod wird auch das Mysterium des Lebens berührt. Hier zeigt sich, dass Leben abhängig ist; alles, was lebt und leben will, ist auf andere Lebewesen angewiesen. Dieses Bewusstsein von Abhängigkeit hat auch das religiöse Gefühl befördert; das Wissen um eine über die Nahrung vermittelte Lebenskraft lässt sich ins Transzendentale verlängern, wie es Perry Schmidt-Leukel in seinem Buch „Die Religionen und das Essen" beschreibt: „Die Frage nach der letzten Quelle der der Nahrung innewohnenden Lebenskraft wird in den Religionen mit dem Hinweis auf eine allem Leben immanente und zugleich transzendente Quelle beantwortet." – „Bei dir ist die Quelle des Lebens", heißt es von Gott in den Psalmen (Psalm 36,10).

Ohne Zerstörung kein Aufbau, ohne Tod kein Leben. In seiner letztlich religiösen Dimension kommt dieser Zusammenhang ganz drastisch im christlichen Speiseritual des Abendmahls bzw. der Kommunion zum Ausdruck. Das Stück Brot in Form einer (gebrochenen) Brotoblate, der Schluck Wein symbolisieren den hingerichteten (gebrochenen) Leib und das vergossene Blut Jesu Christi, woran der Gläubige Anteil erhält und Kraft zu einem ewigen Leben. Die blutige Metaphorik hat Jesus selbst benutzt, als er sagte: „Ich bin das lebendige Brot, das vom Himmel herabgekommen ist. Wer von diesem Brot isst, wird in Ewigkeit leben. Das Brot, das ich geben werde, ist mein Fleisch (ich gebe es hin) für das Leben der Welt" (Johannes 6,51). Und noch drastischer: „Wer mein Fleisch isst und mein Blut trinkt, der bleibt in mir und ich bleibe in ihm" (Johannes 6,56). Wörtlich ist hier gar vom „Kauen" des Fleisches die Rede.

Auch andere Bildworte greifen auf die Zusammenhänge von Tod und Leben, Zerstören und Wachsen zurück: das biologisch falsche, aber sehr eindrückliche Bild vom Sterben und Neuwerden des Weizenkorns etwa (Johannes 12,24). Der frühchristliche Märtyrer Ignatius von Antiochien wollte „als Weizen Gottes durch die Zähne der Bestien gemahlen" werden, um als „reines Brot Christi" empfunden zu werden. Wie die Getreidemühle ist auch die Kelter ein Bild für gewaltsame Wandlung; die Kirchenväter sahen im gepressten Wein ein Bild für das im Tod am Kreuz vergossene Blut Christi; entsprechend zeigten mittelalterliche Bilder den „Keltertreter" zwischen Kreuzesbalken eingespannt. – Gottesbeziehung im Bild des Essens und Trinkens und seiner teilweise gewaltsamen Voraussetzungen dazu.

Übrigens haben auch die westlichen Kirchen diese gewaltsamen Zusammenhänge im Bild des Essens und Trinkens in ihren Mahlhandlungen weitgehend verdrängt: Die makellosen runden weißen Hostien (Oblaten) haben nichts mehr mit den abgerissenen Stücken eines Brotfladens zu tun, mit denen Jesus seinen Jüngern ihre Beziehung zu ihm nahe brachte. Und der Schluck blässlichen Weißweines würde ihn kaum zu dem Bild des vergossenen Blutes veranlasst haben. Lediglich die orthodoxen Christen stellen noch immer diese Zusammenhänge – allerdings auf sehr drastische Weise – im Gottesdienst dar; so fordert der Diakon den Priester zur Teilung des Brotes für die Eucharistie mit den Worten auf „Schlachte, Gebieter", worauf dieser mit einem Messer, „heilige Lanze" genannt, Brotstücke aus der Prosphore (Opferbrot) herausschneidet. Der Rotwein zur Kommunion wird mit warmem Wasser (das den Heiligen Geist versinnbildlichen soll) vermischt und erwärmt, um so das Blut Christi sinnenfällig zum Ausdruck zu bringen.

Zur Sache degradiert
Doch zurück zum alltäglichen Essen und Trinken. Was hat diese Ambivalenz von Schrecklichem und Schönem, Tod und Leben, das allem Speisen zugrunde liegt, für uns zu bedeuten? Vielleicht so viel: Wenn das mit jeglicher Nahrung verbundene Moment des Todes, der Zerstörung und Vernichtung aus dem Bewusstsein verschwindet, verändert sich auch die Einschätzung des Essens und Trinkens. Es wird zur Selbstverständlichkeit; die Nahrung wird zur Sache, die beliebig herstellbar ist und auch wie eine Sache behandelt werden kann, wie es

leider gerade im Umgang mit den Tieren in der Nahrungsproduktion zum Ausdruck kommt. „Wer Fleisch nie lebend auf der Weide oder sonstwo hat stehen sehen, sondern nur noch als Bestandteil von Fertigprodukten kennt, wird keine Linie mehr ziehen können zwischen dem Speck auf dem Flammkuchen und dem Schwein, das ihn lieferte", stellt Ullrich Fichtner in seinem Buch „Tellergericht" fest. Nahrung verliert dann aber ein wesentliches Motiv ihrer Zeichenhaftigkeit; das heißt: Essen und Trinken verweisen so nur noch eingeschränkt auf das Leben und Tod berührende Geheimnis, das letztlich in Gott begründet liegt. Und man verliert auch den Blick auf diese Zusammenhänge im eigenen Leben, das uns vor Leid und Tod nicht bewahrt, aber auch daran reifen und aus der scheinbaren Zerstörung neues, ungeahntes Leben hervorbringen lässt.

Deswegen gehört(e) der Meerrettich (neben Osterschinken, Osterbrot, Ostereiern und anderem) auch zu den Lebensmitteln, die bei einer Speiseweihe an Ostern zur Kirche gebracht werden. Und er muss danach auch als Erster gegessen werden, weil das Bittere und Scharfe dem Süßen vorangeht wie der Karfreitag dem Osterfest. Das Essen wird zu einer Handlung, die nicht nur dem Körper dient, Angenehmes vermittelt, die Sinne belebt und erfreut, sondern auch zum Denken und Danken Anlass gibt.

mühle und kelter

weizenkörner trauben
hört von unserm glauben
wer nicht aufgerieben wird
wer sich das erspart
der bleibt hart
bleibt hart

weizenkörner trauben
hört von unserm glauben
wer nicht in die mühle fällt
leidet keine not
wird kein brot
kein brot

weizenkörner trauben
hört von unserm glauben
wer nicht in die kelter fällt
wird auch nicht gepresst
für das fest
das fest

Wilhelm Willms

Tafelspitz mit Meerrettich

3 l Rindfleischbrühe
1 EL schwarze Pfefferkörner
2 Lorbeerblätter
Salz
1,5 kg Tafelspitz
je 150 g Möhre, Knollensellerie und Petersilienwurzel
3 Äpfel
2 EL Zitronensaft
Zucker
1 EL Öl
ca. 3 cm frischer Meerrettich

Die Rindfleischbrühe mit Pfefferkörnern, Lorbeerblättern und Salz aufkochen, das Fleisch in die kochende Brühe legen und die Hitze auf kleinste Stufe zurückschalten. Das Fleisch 2–3 Stunden ganz sanft simmern lassen, die Brühe ab und zu abschäumen.

Nach 1 Stunde Garzeit geputzte und in Stücke geschnittene Möhre, Sellerie und Petersilienwurzel zum Tafelspitz geben und mitgaren.

Den Tafelspitz aus der Brühe nehmen, kurz ruhen lassen und quer zur Faser in dünne Scheiben schneiden. Das Fleisch und das Gemüse auf vorgewärmten Tellern anrichten, mit etwas Brühe begießen und mit Apfelkren servieren.

Für den Apfelkren die Äpfel schälen, entkernen, grob würfeln, mit Zitronensaft begießen und in Öl ca. 5 Minuten dünsten. Die Äpfel zerdrücken und mit Salz und Zucker würzen. Den Meerrettich schälen, fein reiben, mit den Äpfeln vermischen und nochmals mit Salz abschmecken.

Dazu passen Salzkartoffeln.

5. Zubereiten und Verwandeln

Vom Mahl, das zu einer Liebesbeziehung wird, von der Küche als magischem Ort der Verwandlung und dem Ziel des Essens und Trinkens

In ihrer Erzählung „Babettes Fest" schildert die dänische Schriftstellerin Tanja Blixen ein Essen, das von den alt gewordenen Anhängern einer kleinen pietistischen Sekte anlässlich des hundertsten Geburtstages ihres verstorbenen Gründers und Propstes eingenommen wird. Es ist ein festliches Mahl, ein geradezu atemberaubendes Diner, das Babette, die Köchin der beiden Töchter des Propstes, für sie zubereitet: Sie war Köchin im berühmten „Café Anglais" in Paris gewesen, bevor sie in den politischen Unruhen nach dem deutsch-französischen Krieg 1870/71 fliehen musste und bei den beiden frommen Schwestern an der rauen Küste Dänemarks Aufnahme fand. Davon weiß jedoch die kleine Tischgemeinschaft nichts; vielmehr nehmen die zwölf Männer und Frauen die erlesensten, nie zuvor gekosteten Speisen und Getränke zu sich, als handele es sich um die größte Selbstverständlichkeit der Welt: Sie hatten nämlich zuvor ein Gelübde abgelegt, während des Mahles kein Wort über das Essen selbst zu verlieren, um sich nicht zu versündigen!

Umso erstaunlicher aber ist die Wirkung, die alle diese fremdartigen Gerichte und Getränke hervorrufen: Die kleinen, oft jahrzehntealten Streitigkeiten scheinen mit einem Mal vergessen, Mund und Ohren, seit Jahren fest verschlossen, einander plötzlich aufgetan zu sein. Der Geist des verstorbenen Propstes und seine früheren Worte werden Wirklichkeit: „Erbarmen und Wahrheit sind einander begegnet; Rechtschaffenheit und Seligkeit sind zusammengekommen in einem Kuss" (Psalm 85,11). Am Ende des Abends tanzen die Alten auf der schneebedeckten Straße, sich gegenseitig fassend und umarmend, als seien sie wieder Kinder. Und der Ruf „Segne dich, segne dich" hallt wie ein Echo vom Himmel nach allen Seiten.

Verwandlung in eine Art Liebesbeziehung

So endet diese kleine Erzählung, die auch opulent verfilmt wurde. Es lassen sich in ihr viele religiöse Aspekte finden, nicht nur, weil sie von einer religiösen Gemeinschaft handelt: der fromme Anlass des Mahles, die es begleitenden Gesänge und Gebete, das geistliche Gespräch am Tisch, das um das Andenken des Verstorbenen und seine Worte und die an Wunder grenzenden Taten kreist, der Geist der Liebe und Gemeinschaft, der im Laufe des Mahles alle erfüllt. Ja, man kann sogar Parallelen zum letzten Abendmahl Jesu finden, etwa in der Zwölfzahl am Tisch. Vor allem aber war Babette nicht nur die großartige Köchin, die jenes Essen zubereitete – sie richtete es letzt-

> *Essen ist mehr als den Hunger stillen und den Körper mit Nahrung versorgen.*
> *Gott verwandelt irdische Speise zu Kraft und Leben und daraus erwächst die Energie zu Leben und Liebe.*

lich sogar aus und opferte dafür ihr gesamtes Vermögen: Am Ende des Abends erfahren nämlich die Schwestern – und die Leser –, dass sie all ihr Geld, 10.000 Francs aus einem Lottogewinn, für die Zubereitung dieses einmaligen und köstlichen Mahles ausgegeben hatte: Babettes Fest.

Teilnehmer an diesem besonderen Diner war auch ein General, der einst, viele Jahre zurück, als junger Leutnant in eine der beiden frommen Schwestern verliebt gewesen war und – vergeblich – um sie warb. Fortan hatte er sich seiner Karriere gewidmet, die ihn auch nach Paris führte, wo er jenes besagte Café Anglais kennenlernte und die dort wirkende Köchin. Davon erzählt er beim Essen, nichts ahnend, dass die von ihm Genannte auch für dieses köstliche Essen zuständig ist. Seine Bewunderung für die Köchin gipfelt in der Bemerkung, dass sie in der Lage gewesen sei, ein Diner in eine Art Liebesaffäre zu verwandeln, „wo man nicht mehr unterscheidet, was körperliche und was geistige Begierde und Sättigung ist".

Und eine Verwandlung findet tatsächlich auch an diesem Abend unter den Teilnehmern des Essens statt; zunehmend gelöst erscheinen sie vor unseren Augen. Vordergründig mag man das auf den ungewohnten Genuss des Alkohols zurückführen, doch auch die erhebenden Worte des Generals, das feierliche Gedächtnis des Propstes und das wundervolle Essen bewirken, dass in vielen eben eine Verwandlung vor sich geht – hauptsächlich in Form der Versöhnung: untereinander, aber auch mit sich selbst, ja sogar Himmel und Erde sind sich nach diesem Mahl ein Stück näher gekommen. „Die eitlen Truggebilde dieser Erde hatten sich vor ihren Augen wie Rauch aufgelöst, und sie hatten das Universum geschaut, wie es wirklich ist. Eine Stunde des Tausendjährigen Reichs war ihnen geschenkt worden."

Viele Wandlungen

Ohne Verwandlung kein Essen, kein Essen ohne Verwandlung. Wenn unsere zweitälteste Tochter gestresst und geschafft von der Schule nach Hause kommt, genügt meist schon ein Teller Spaghetti mit Butter und Parmesan, um ihr wieder ein Lächeln ins Gesicht zu zaubern: Mirakel der Verwandlung … Und wie oft sagen wir einem anderen, der sich in aufgeregter oder nervöser Stimmung befindet: „Iss erst mal was", vielleicht auch: „Trink erst mal einen Kaffee", um ihn wieder in eine andere Stimmung zu bringen. Die Küche ist dieser magische, höchst sinnliche Ort der Verwandlung – wer nur noch die Mikrowelle benutzt, erfährt leider nur noch eingeschränkt davon. In der genannten Erzählung von Tanja Blixen ist es Babette, die Ungenießbares, ja Abstoßendes (das Hereintragen einer lebenden Schildkröte in die Küche löst bei einer der

frommen Schwestern Albträume im Vorfeld des Festes aus) in Genießbares verwandelt, sie waltet gewissermaßen als Priesterin. Erst durch die Verarbeitung und Wandlung verbreitet sich das köstliche Aroma der Speisen, wird der Appetit angeregt und werden die Kräfte frei, die in den Nahrungsmitteln stecken. Nächst der Küche ist es der Tisch, an dem gespeist wird, an dem aus Konsumation und Kommunikation eine Kommunion, Communio, entsteht, vereinzelte Esser zur Tischgemeinschaft gewandelt werden.

Das Brot ist geradezu Symbol für diese vielfältigen Verwandlungen im Zusammenhang des Essens und Trinkens. Vom Weizenkorn, das in die Erde gegeben wird, damit daraus ein Keim wächst und ein Halm mit neuen Getreidekörnern sprießen kann, bis zum Mehl: viele Umwandlungen. Und auch das Mehl wird durch die Beifügung von Wasser, vielleicht auch Treibmitteln, Salz und verschiedener Gewürzen zu einer wiederum neuen Konsistenz umgeformt, die in Gluthitze gebacken zum Brot wird. Und auch erst, wenn dieses eine Brot mit einem Messer in Scheiben geschnitten oder, wie bei einem Fladen, in Teile gerissen wird, kann es von uns Menschen auch verzehrt werden und uns mit seiner Kraft sättigen. Und die Verwandlung geht weiter im Menschen, wenn die Nährstoffe an den Körper abgegeben und die Ballaststoffe ausgeschieden werden.

Viele Schritte vom Korn zum Brot, zur Nahrung, zur Kraft. Viele Verwandlungen. Jede Wandlung bringt etwas Neues hervor und trägt dazu bei, dass das Brot zu seiner endgültigen Bestimmung kommt. Ein großes Symbol, das Brot, nicht nur ein religiöses.

Wandlung, Veränderung auch im Laufe eines Lebens: Was uns heute schmeckt, hätten wir als Kinder vielleicht von uns gewiesen. Unsere Vorlieben ändern sich in den Jahrzehnten wie die Rezepte und wie die Mahlgemeinschaften, in denen wir essen. Wir erkennen vielleicht erst im Alter, wie gut doch eigentlich dieses und jenes schmeckt, auch weil wir reifer geworden sind, uns auf Wesentliches besinnen.

„Verwandle du auch uns"

Es hat auch von daher einen tiefen Sinn, dass das gottesdienstliche Mahl, das Speiseritual der christlichen Kirchen, Abendmahlfeier oder Eucharistie, eine Verwandlung beinhaltet. Nach traditionell christlichem Glauben ist es ja nicht nur ein Gedächtnis, eine Erinnerung an das Letzte Abendmahl Jesu oder nur ein Vorausblick auf die Vollendung und Erlösung im Reich Gottes, die Jesus in das Bild eines Mahles gebracht hat, und es ist auch nicht nur Ausdruck einer Gemeinschaftlichkeit untereinander und Anteilnahme am Geschick Jesu Christi im frommen Zeichen einer Oblate. Das alles ist es auch. Aber es ist

eben auch Verwandlung, weil eine Wandlung von Brot und Wein in Leib und Blut Jesu geschieht. Wie diese ist und letztlich zustande kommt, wird unter den Kirchen nicht übereinstimmend gesehen. Das ist aber nicht entscheidend. Das Motiv der Wandlung als solcher besagt sehr viel über das gottesdienstliche wie das alltägliche Mahl, denn neben der Verwandlung der Gaben geht es auch um eine der Menschen, die sie zu sich nehmen.

Wohin und in was wollen wir denn verwandelt werden? Im gottesdienstlichen Mahl scheint dies jedenfalls eindeutig: in Menschen, die immer mehr Christus dadurch gleich werden, dass sie im Essen und Trinken an ihm Anteil nehmen; und in Menschen, die aneinander Anteil nehmen und so zu einer wirkliche Gemeinschaft heranwachsen, wie es in manchen Gebeten ausgedrückt wird. – Und im Alltag? Wahrscheinlich macht man sich darüber kaum jemals Gedanken, aber interessant wäre es schon, einmal darüber nachzudenken, welche Wandlung das Essen und Trinken, das gemeinsame Mahlhalten, in einem selbst bewirken soll – abgesehen von den physiologischen Veränderungen. Vielleicht hat es etwas mit Reifung zu tun, mit einer Mensch-Werdung in dem Sinn, dass man nicht nur isst und trinkt, weil es einem schmeckt oder man Bedürfnis oder Lust danach hat. Sondern, weil auch das Essen und Trinken immer Beziehung ausdrückt, zu sich selbst, zu den anderen und zu Gott.

In dieser Beziehung jeweils zu wachsen, zu reifen und sich zu wandeln, sich zu entwickeln, ja sie zu einer Art Liebesbeziehung zu machen, das ist durchaus ein Ziel des Essens und Trinkens.

Dieses kleine Stück Brot in unsern Händen
reicht aus für alle Menschen.

Du verwandelst das Brot in Jesu Leib,
du verwandelst den Wein in Jesu Blut,
du verwandelst den Tod in Auferstehn –
verwandle du auch uns!

Dieser kleine Schluck Wein in unsern Bechern
gibt Kraft für alle Menschen.

Du verwandelst das Brot in Jesu Leib,
du verwandelst den Wein in Jesu Blut,
du verwandelst den Tod in Auferstehn –
verwandle du auch uns!

Chris Herbring

Blinis à la Babette

600 g Kartoffeln
1 große Zwiebel
2 Eier
Salz
Pfeffer
100 g Butterschmalz
250 g Kaviar oder 400 g Räucherlachs
200 ml Crème fraîche

Die Kartoffeln waschen und schälen, die Zwiebel schälen. Kartoffeln und Zwiebel fein raspeln, mit den Eiern verrühren, mit Salz und Pfeffer würzen und in einem Sieb abtropfen lassen.

In heißem Butterschmalz 12 kleine Puffer backen und auf Küchenkrepp abtropfen lassen. Die Blinis mit Kaviar oder Räucherlachs und Crème fraîche auf einer Platte anrichten.

Original Blinis sind aus Buchweizenmehl zubereitete Pfannkuchen.

6. Dank und Segen

Von alten Mönchsvätern und ihren Einsichten, vom Aufblick zu Gott und Gebeten bei Tisch und der Selbstverständlichkeit des Bittens und Dankens

Als Antonius, Sohn wohlhabender Eltern aus Kome in Mittelägypten, in einem Gottesdienst das Evangelium vom reichen Jüngling (Matthäus 19,16-26, Markus 10,17-27, Lukas 18,18-27) hörte, traf ihn das Wort „Geh hin und verkaufe alles, was du hast" mitten ins Herz. So tat er genau das, verkaufte alles, was er besaß, und zog sich mit zwanzig Jahren aus einem geordneten Alltagsleben zurück. Um Gott nahe zu sein, begab er sich in die Einsamkeit der Wüste. Er konnte wohl kaum ahnen, wie viele Menschen es ihm danach gleich taten und die Wüste als Ort der Einkehr, Freiheit, aber auch des inneren Kampfes suchten. Viele von ihnen wurden berühmt, von den Menschen aufgesucht und um Rat gefragt. Ihre Aussprüche, die „Apophthegmata patrum" (Sprüche der Väter) wurden gesammelt, weiter verbreitet und werden bis heute als geistliche Sentenzen und denk-würdige Einsichten gelesen.

O ihr, die ihr glaubt, esst von den köstlichen Dingen, die wir euch beschert haben, und dankt Gott, so ihr ihm dient.
Koran, Sure 2, Vers 172

Nun erwartet man von den Wüstenvätern nicht unbedingt Ratschläge zum Essen und Trinken; ihre Kernkompetenz bestand ja eher in der Askese. (Dass dem heiligen Antonius als Bildattribut oft ein Schwein beigegeben wird – „Swinetünnes" –, erklärt sich durch den Orden der Antoniter, der das Privileg besaß, Schweine frei weiden zu lassen. Sie wurden am Gedenktag des Heiligen geschlachtet, ihr Fleisch gesegnet und an die Armen verteilt.) Glaubt man dem Publizisten Hans Conrad Zander, der sich immer wieder, bewundernd und augenzwinkernd zugleich, mit ihnen beschäftigt hat, hatten sie nur eine kulinarische Leidenschaft: Salat. Aber nicht in diesem Zusammenhang sei der Blick auf die ehrwürdigen Väter gelenkt, sondern eines Ausspruchs wegen, den der heilige Antonius tat: Einem, der ihn fragte, was er tun müsse, um Gott zu gefallen, beschied der Alte, dass er in allen Situationen stets Gott vor Augen haben solle.

Ich habe den Herrn beständig vor Augen

Immer Gott vor Augen – auch beim Essen? Verschiedene christliche Autoren der Antike bestätigen diese Einstellung und nennen auch die Form, wie das geschieht: mit dem Zeichen des Kreuzes. So schreibt etwa Kyrill (313–386), Bischof von Jerusalem, hinsichtlich des Mahles: „Wir machen das Kreuzzeichen auf alles, auf das Brot, das wir essen, auf den Becher, den wir trinken ..." Bis heute kann man eben das bei orthodoxen Mönchen so erleben, die sich selbst vor dem Trinken einer kleinen Tasse Kaffee bekreuzigen, und lange Zeit galt es auch bei uns als fromme Sitte, ein Brot mit dem Kreuz zu bezeichnen, ehe man es anschnitt, zumindest aber das Kreuzzeichen beim Tischgebet oder an seiner Stelle zu machen.

Es scheint, als ob das Kreuz als christliches Segenszeichen in gewisser Weise die jüdische Preisung abgelöst hat, den Lobspruch auf Gott, Beraka genannt, der von frommen Juden ebenfalls zu verschiedensten Gelegenheiten gesprochen wird. Preisungen, Berakot, begleiten den gläubigen Menschen durch den Alltag. Ständig wird er sich so der göttlichen Gegenwart bewusst, wie es sehr anschaulich in einem Psalm heißt: „Ich habe den Herrn beständig vor Augen" (Psalm 16,8). So auch und vor allem beim Essen und Trinken. Für jede Art von Speise und Getränk gibt es einen Lobspruch, zwei aber haben eine besondere Bedeutung: über das Brot und über den Wein. Der erste gilt für alle Arten von Gebäck, die Mehl und Wasser enthalten, also für Mazzen, Brot, Brötchen, Pita etc. Er lautet: „Gepriesen seist du, Ewiger, unser Gott, König der Welt, der du Brot aus der Erde hervorbringst." In ähnlicher Weise wird über den Wein gesprochen: „Gepriesen seist du, Ewiger, unser Gott, König der Welt, der du die Frucht des Weinstocks erschaffen." Für alle anderen Arten von Speisen und Getränken gibt es entsprechende, spezielle oder auch allgemeine Lobsprüche. Immer aber beginnen sie gleichlautend: „Gepriesen seist du, Ewiger, unser Gott, König der Welt ..."

Kein Essen also, bei dem der fromme Jude nicht Gott vor Augen hat. Und die Formulierung des Lobspruchs zeigt auch sehr deutlich auf, warum dies so ist: weil die Erde und was sie erfüllt, Gott gehört, wie es in Psalm 24 heißt. Wer den Lobpreis ausspricht, anerkennt dies und isst nun gewissermaßen „legal". So haben die jüdischen Weisen auch einen Vers aus Psalm 115 erklärt, in dem es, abweichend von Psalm 24, heißt: „Die Erde gab Gott *den Menschen*." Diese Aussage, so die Weisen findig, beziehe sich auf die Situation *nach* dem Lobspruch, wenn also der Mensch berechtigt von Gottes Schöpfung isst und trinkt.

Nicht sehr viel anders ist es im Islam; auch gläubige Muslime beginnen das Essen und Trinken mit einem Gebet. Eröffnet wird dies mit der *Basmala*, der Formel „Im Namen Allahs, des Allerbarmers, des Barmherzigen". Diese Formel, der erste Vers der ersten Sure des Korans, eröffnet die alltäglichen Tätigkeiten, aber auch besondere Unternehmungen und Ereignisse und bringt zum Ausdruck, dass das ganze Leben mit Allah in Verbindung steht, ja von ihm und seiner Barmherzigkeit abhängt. Sie ist wie der jüdische Lobpreis oder das christliche Kreuzzeichen zum Ausdruck der Volksfrömmigkeit

> *Herr, sei gelobt für das, was unsre Erde uns Gutes schenkt, dass es uns Speise werde. Lass uns im Teilen Leben neu erfahren und es bewahren.*
> *Gebet vor Tisch*

geworden, die sogar, wie das Kreuz, als Schmuckstück um den Hals getragen oder in Amulettform ins Auto gehängt werden kann. Das Tischgebet selbst kann frei gesprochen werden oder formelhaft sein, in manchen Wendungen erinnert es an Texte aus der jüdischen und christlichen Tradition.

Aufblick zu Gott

Immer Gott vor Augen haben: Die Beziehung zu Gott kommt im jüdischen Tischgebet dabei noch auf andere Weise zum Ausdruck. Beim Sprechen des Gebetes „Gepriesen seist du, Ewiger ..." wird das Brot bzw. der Becher Wein leicht in die Höhe gehoben. Die Geste deutet an, dass die Gaben, die wir genießen, eigentlich Gott gehören. Die Gaben werden auch nicht direkt angesprochen, vielmehr wird Gott *über diesen Gaben* gepriesen. Keine Bitte folgt aus diesen Preisungen, der Beter erwartet nichts von Gott, wie es in den christlichen (Tisch-)Gebeten der Fall ist, die in eine mehr oder weniger ausführliche Bitte münden. Es ist reiner Lobpreis Gottes: „Gepriesen seist du, Ewiger, unser Gott, König der Welt, der du Brot aus der Erde hervorbringst." In dieser Geste des Emporhebens und auch dem Sprechen des Lobspruches drückt sich gewissermaßen die Anerkennung Gottes als Gott aus. Es ist der Glaube an den Gott, „der alles so herrlich regiert", wie es in einem Kirchenlied heißt, „der dich erhält, wie es dir selber gefällt". Vor allen anderen Zusammenhängen des Essens und Trinkens, vor jedem Dank auch denen, die mit der Herstellung und Zubereitung des Essens zu tun haben, steht der Dank an den, dem überhaupt die Voraussetzung des Essens und Trinkens, ja des Lebens überhaupt *zu verdanken* ist. Lobpreis ist Anerkennung Gottes und Dank in einem. Er steht noch vor aller Bitte. Das Bekenntnis, dass alle Nahrung ihren letzten Ursprung in Gott hat, genügt.

Was soll Gott bewirken?

Über die ersten christlichen Jahrhunderte hinweg sprachen die Christen ihre Tischgebete nicht sehr viel anders, als es die Juden taten: als Lobpreis auf Gott. Erst allmählich traten auch die Bitten hinzu, zuerst noch allgemein auf die Gläubigen bezogen, dann, immer konkreter werdend, auf die Gaben selbst: „Herr, segne uns und diese deine Gaben, die wir von deiner Güte nun empfangen." Bis heute hat sich dieses Gebet im offiziellen Tischgebet der Kirche erhalten und drückt damit eine doch anders gewichtete Beziehung zu Gott aus, die in gewisser Weise

Wir danken dir, Herr, für die guten Gaben, die liebe Menschen uns bereitet haben. Bleibe bei uns auf allen unsern Wegen mit deinem Segen.
Gebet nach Tisch

auch unser Denken über ihn widerspiegelt: Gott ist einer, der etwas tun soll. Auch beim Essen und Trinken.

Was soll Gott denn alles tun? Schon der Kirchenvater Johannes Chrysostomos (349–407) denkt sich die Funktion des Tischgebets als eine Art „Entprofanisierung" der Gaben: Sie sollen „rein" werden; Dämonen, die vielleicht zugegen sind, sollen durch Gottes Kraft vertrieben werden. Man mag dem gelehrten Theologen zugute halten, dass er an geistliche Wirkungen dachte; gesundheitliche Belastungen, die unsere Nahrung heutzutage bisweilen mit sich tragen, würden wohl kaum durch das Gebet unwirksam werden – oder doch? In volksreligiösen Vorstellungen kann tatsächlich die Bitte um Heiligung der Speisen die Bedeutung einer seinsmäßigen Veränderung, Qualität und Quantität betreffend, annehmen – bis hin zum Verschwinden derselben, wie eine Anekdote zeigt, die Andreas Hartmann in seinem Buch mit Geschmacks-

erinnerungen, „Zungenglück und Gaumenqualen", gesammelt hat:

„Meine Mutter war zweifellos eine gute Köchin. In der Inflationszeit jedoch war manche Mahlzeit nicht so einfach herzustellen, weil es an entsprechenden Zutaten fehlte. Jedenfalls hatte ich einen unbeschreiblichen Widerwillen gegen Kartoffelklöße. Hin und wieder aber kamen diese auf den Tisch, und alles Maulen meinerseits wurde mit der Bemerkung abgetan: Was auf den Tisch kommt, ist essbar. Christlich-religiös erzogen, oblag es mir, laut und deutlich das Tischgebet zu sprechen. Als nun wieder einmal Klöße auf dem Tisch standen, fügte ich dem üblichen Text noch an: ‚Lieber Gott, lass mich diese schrecklichen Klöße nicht essen.' Meine Mutter ging in die Küche und ich bekam etwas anderes. […] Meine Eltern haben mir später erzählt, sie hätten doch meinen kindlichen Glauben an den lieben Gott zerstören können, an den ich mich mit kindlichem Vertrauen um Hilfe gewandt hätte …"

In den meisten Fällen aber war und ist mit der Bitte an Gott um Segnung der Gaben eine ideelle Wirkung verbunden: Die Speisen sollen uns zu etwas verhelfen. Zu neuer Kraft für Leib und Seele. Zu einem Denken des Miteinanders. Zu einer Ahnung des Himmlischen und Ewigen, dessen das irdische Mahl ein *praegustus*, ein Vorgeschmack ist, und zu einem kostbaren Ausweis seiner Gnade: „Kostet und seht, wie gütig der Herr ist" (Psalm 34,8). Diese Bitten bei Tisch lassen uns noch auf die Bitte um Gottes Segen überhaupt blicken.

Gottes Segen

Das Tischgebet, so wird gern gesagt, ist ein kleiner, täglicher Erntedank. Oder auch wie die Bitte um Segen für eine gute Ernte, die in vielen katholischen Kirchen im Frühjahr und Sommer am Ende des Gottesdienstes als „Wettersegen" ihren Platz hat: „Er segne die Felder, Gärten und den Wald und schenke euch die Früchte der Erde. Er begleite eure Arbeit, damit ihr in Dankbarkeit und Freude gebraucht, was durch die Kräfte der Natur und die Mühe des Menschen gewachsen ist." Das Frühjahr ist auch die Zeit, in der vor allem in ländlichen Regionen Prozessionen durch die Felder ziehen oder durch die Weinberge, zu einer Kapelle vielleicht, betend und singend, mit Fahnen und hinter einem vorangetragenen Kreuz her. „Flurprozessionen" heißen sie und zumeist finden sie an den Tagen nach Christi Himmelfahrt statt, sie sind auch auf den Segen der Felder und das Gedeihen der Früchte der Erde hin ausgerichtet: „An Gottes Segen ist alles gelegen."

Tischgebet, Segensbitte, Erntedank – sind dies nicht ziemlich anachronistische Formen angesichts der vielen technischen Möglichkeiten, die wir heute haben, für reich gefüllte

Regale im Supermarkt zu sorgen? Gerät eine solche Prozession oder auch der geschmückte Erntedankaltar nicht zum bloßen Folklorismus? Scheinen sie nicht in einer Überflussgesellschaft, in der es inzwischen alles zu jeder Jahreszeit zu kaufen gibt, höchst überflüssig zu sein – ja verlogen angesichts zunehmend manipulierter „Lebensmittel" und „Fooddesign", Analog-Käse und anderen Ersatzstoffen, Mikrowellenmenüs und Fastfoodkultur? Hat das Tischgebet, außer der Besorgnis Ausdruck zu verleihen, dass womöglich etwas mit dem Essen nicht stimmt, wie in Witzen erzählt wird, heute überhaupt noch eine reale Bedeutung?

„Antiquiert" nennt Véronique Witzigmann in ihrem Buch „Rettet die Tafelrunde!" das Tischgebet. Doch seine ursprüngliche Bedeutung hat sich ja nicht verändert, nur weil wir vielfach nicht mehr selbst ernten und die Früchte aus dem eigenen Garten genießen; Bitte und Dank an Gott sind nicht überflüssig geworden, nur weil Dönerbuden und Conveniencefood unsere Essgewohnheiten verändert haben. Der Dank für Gottes Gaben, den es in vielen Religionen gibt, zeigt ein uraltes

Verhältnis des Menschen zu Gott, dem er sich letztlich verdankt weiß. Was wir arbeiten und welche Resultate wir damit erzielen: Wir tun dies letztlich in Gottes Welt und Schöpfung, die er uns anvertraut hat, damit wir darin seine Größe zum Ausdruck bringen. Das Erntedankfest ist ein alljährliches bewusstes „Danke" für dieses Geschenk der Schöpfung, das sich in den Gaben der Natur – aber eben nicht nur – äußert. Wir können an diesen Dank auch all das anschließen, was unsere persönliche Ernte ausmacht: unser Wirken im Beruf und die Erfolge, die wir darin erleben dürfen; unsere Kinder, die unsere eigene Frucht sind; unsere Beziehungen zu Menschen, an denen wir ein Leben lang arbeiten, und anderes mehr. Nichts ist selbstverständlich.

Segen

Das Tischgebet ist ein tägliches „Danke", ein Ausdruck dafür, dass wir von Gottes Güte leben, auch wenn wir sie hinter vielem anderen oft nicht mehr sehen. Vielleicht befinden wir uns damit in ähnlicher Situation wie ein

erfolgreicher Mensch in der Blüte seiner Jahre, der seinen Geburtstag feiert: Mit dem kleinen Bündel Mensch, als das er vor vielen Jahren entbunden wurde, hat er augenscheinlich nichts mehr zu tun. Kein Grund jedoch, nicht dankbar zu sein für das, was ihm damals geschenkt wurde, auch wenn er es inzwischen selbst zu Wohlstand gebracht hat und auf seine eigene Leistung stolz sein kann.

Gott vor Augen haben auch in den scheinbaren Selbstverständlichkeiten unseres Lebens: Auf alten Bildern mit der Genreszene „Tischgebet" sieht man oft die Betenden um den Tisch sitzen oder stehen, die Hände gefaltet, nach unten schauend. Erinnern wir uns: Jesus blickte zum Himmel, als er das Gebet über Brot und Fische sprach. Vielleicht ist es ein Ausdruck der Andacht, des Gesammeltseins, wenn Menschen beim Beten nach unten schauen. Der Blick nach oben aber macht die Beziehung augenfällig. Das wird auch auf einem Bild von Marc Chagall deutlich, das einen Juden zeigt, der beim Gebet über Brot und Wein den Kopf nach oben hebt. „Mann mit erhobener Hand" heißt dieses Bild, es hätte auch heißen können: „Mann mit erhobenen Augen".

Bisweilen geschieht es freilich auch bei uns, dass der Blick nach oben geht – zum Kreuz, das sich im Essraum oder der Küche an der Wand befindet und zu dem man sich beim Tischgebet hinwendet. Im sogenannten „Herrgottswinkel", den es noch vielfach in Süddeutschland und Österreich gibt, hat es seine markanteste und bekannteste Form gefunden. Hier hängt ein Kruzifix, in diesen Gegenden „der Herrgott" genannt, in einer Ecke des Raumes, darunter steht der Tisch. Zum „Herrgott" wendet man sich hin, zu ihm schaut man auf. Und vom Kreuz kommt der Segen; das Wort „Segen" kommt ja vom lateinischen „signum" her, was übersetzt „Zeichen" bedeutet. Weil nach christlicher Überzeugung im Kreuzestod Jesu Heil geschehen ist, wird das Kreuz als Heilszeichen auf Menschen und Dinge gelegt. Erich Heck schreibt in seinem Buch „Segen des dreieinigen Gottes": Durch den Tischsegen wird ausgedeutet, „dass sich der Gekreuzigte selbst als bleibende Mitte zeigt, wenn Menschen zu Speis und Trank und zum Gespräch um den Tisch sitzen."

Mit dem alten deutschen Wort „benedeien" kommt man der Beziehung, die in diesem Geschehen steckt, näher: „Benedeien" leitet sich aus dem lateinischen „benedicere" ab, was soviel wie gut sprechen, lobpreisen bedeutet. Wer Gott vor Augen hat, aufschaut zu ihm, seine Größe und Güte im Lobpreis anerkennt, der ist „gebenedeit", gesegnet. Und nicht nur er, sondern auch die Gabe auf dem Tisch. Wer Gott bittet, sieht ihn als den Größeren in seiner Sorge für uns. Und wer Gott dankt, weiß sich verdankt – beim Mahl, aber auch darüber hinaus. Gott sei Dank!

Der Tag ist seiner Höhe nah. / Nun blick zum Höchsten auf,
der schützend auf dich niedersah / in jedes Tages Lauf.

Wie laut dich auch der Tag umgibt, / jetzt halte lauschend still,
weil er, der dich beschenkt und liebt, / die Gabe segnen will.

Der Mittag kommt. So tritt zum Mahl; / denk an den Tisch des Herrn.
Er weiß die Beter überall / und kommt zu Gaste gern.

Er segnet dich in Dorf und Stadt, / in Keller, Kammer, Feld.
Was dir der Herr gesegnet hat, / bleibt fortan wohl bestellt.

Er segnet dir auch Korb und Krug / und Truhe, Trog und Schrein.
Ihm kann es keinen Tag genug / an Segensfülle sein.

Er segnet deiner Bäume Frucht, / dein Kind, dein Land, dein Vieh.
Er segnet, was den Segen sucht. / Die Gnade schlummert nie.

Er segnet, wenn du kommst und gehst; / er segnet, was du planst.
Er weiß auch, dass du's nicht verstehst / und oft nicht einmal ahnst.

Und dennoch bleibt er ohn Verdruss / zum Segnen stets bereit,
gibt auch des Regens milden Fluss, / wenn Regen an der Zeit.

Sein guter Schatz ist aufgetan, / des Himmels ewges Reich.
Zu segnen hebt er täglich an / und bleibt sich immer gleich.

Wer sich nach seinem Namen nennt, / hat er zuvor erkannt.
Er segnet, welche Schuld auch trennt, / die Werke deiner Hand.

Die Hände, die zum Beten ruhn, / die macht er stark zur Tat.
Und was der Beter Hände tun, / geschieht nach seinem Rat.

Der Tag ist seiner Höhe nah. / Nun stärke Seel und Leib,
dass, was an Segen er ersah, / dir hier und dort verbleib.

Jochen Klepper

Kartoffelklöße mit Schweinebraten Antonius

500 g gegarte Pellkartoffeln vom Vortag, mehlig kochend
500 g rohe Kartoffeln, mehlig kochend
2 Eier
100 g Mehl
2 TL Kartoffelstärke
Salz
Muskatnuss

1,2 kg Schweineschulter mit Schwarte
Salz
Pfeffer
1/2 TL gemahlener Kümmel
2 Zwiebeln
1 Knoblauchzehe
1 Möhre
1 EL Öl
250 ml Wasser
250 ml dunkles Bier
Kartoffelstärke nach Belieben

Die gekochten Kartoffeln pellen und durch die Kartoffelpresse drücken. Die rohen Kartoffeln schälen, grob reiben und in einem Tuch fest auspressen. Beide Kartoffelmassen mit Eiern, Mehl, Kartoffelstärke, Salz und etwas Muskat vermischen. Den Teig ca. 30 Minuten kühl stellen.

Aus dem Kartoffelteig 8 Klöße formen und in schwach siedendem Salzwasser ca. 25 Minuten ziehen lassen.

Backofen auf 190 Grad vorheizen. Die Schwarte rautenförmig einschneiden und das Fleisch mit Salz, Pfeffer und Kümmel einreiben. Zwiebeln, Knoblauch und Möhre schälen und grob würfeln.

Öl in einem Bräter erhitzen und das Fleisch rundum anbraten. Das Gemüse hinzufügen und den Braten offen im Ofen auf mittlerer Schiene ca. 2 Stunden braten. Nach 20 Minuten das Wasser angießen. Den Braten zwischendurch mit dem Fond beschöpfen.

20 Minuten vor Ende der Bratzeit die Temperatur auf 220 Grad erhöhen und das Fleisch mehrfach mit Bier begießen. Das Fleisch herausnehmen und warm stellen. Den Bratenfond mit etwas Wasser loskochen und durch ein Sieb gießen. Die Sauce mit Salz und Pfeffer abschmecken und nach Belieben mit etwas Kartoffelstärke binden.

Das Fleisch quer zur Faser aufschneiden und mit der Sauce zu den Klößen servieren.

7. Gastfreundschaft und Gastlichkeit

Von Marta und Maria als Gastgeberinnen, vom Anteilnehmen aneinander und vom (gemeindlichen) Wohnzimmer, das anderen offen steht

Arme Marta. Eigentlich hätte sie ja ein paar freundliche Worte verdient gehabt, eine Anerkennung für ihr Bemühen, es dem hohen Gast aus Nazaret ein wenig angenehm zu machen, lobende Worte für das, was sie in aller Schnelle noch auf den Tisch gezaubert hat. Das ist doch das Mindeste, was man an Höflichkeit erwarten kann. Aber nichts von all dem, nicht einmal Blumen – unverblümt bekam sie vielmehr zu hören, dass sie sich besser Jesus zu Füßen gesetzt und ihm zugehört hätte, wie ihre Schwester Maria es tat, anstatt ihre Zeit in der Küche zu verplempern. Vielleicht ist es ein Trost für sie, dass sie nicht die Einzige in den Evangelien ist, die bei einer Begegnung mit dem Herrn schlecht wegkommt, obwohl sie sich so bemüht hatte. Und wie eine nachträgliche Belohnung erscheint es, dass sie wenigstens in der Kirche zur Patronin der Hausfrauen und Köchinnen avanciert ist.

Man könnte es ja auch so sehen: Da hat sich Jesus in Betanien bei den beiden frommen Schwestern vielleicht wieder einmal selbst eingeladen, wie er es schon bei dem kleinen Zollbeamten Zachäus in Jericho getan hat, der gar nicht schnell genug vom Baum herunter kommen konnte, als Jesu Wort an sein Ohr drang: „Zachäus, ich muss heute in deinem Haus zu Gast sein!" (Lukas 19,5) Vielleicht hat er sich ja gern einladen lassen, denn er besaß nicht viel und war auf seinen Wanderschaften über eine Einladungen zum Essen sicher froh – wenn sie dazu noch von Frauen kam. Denn die wissen oft besser, auf was es wirklich ankommt: dass ein Essen auf dem Tisch steht, dass der Mensch einen Platz zum Schlafen hat, dass Wasser zum Waschen da ist. Nur weil die Männer sich darum nicht zu kümmern brauchen, können sie zusammensitzen und über Politik und Philosophie diskutieren, sich um rituelle Vorschriften und religiöse Hierarchien streiten … und sich als Mittelpunkt der Welt fühlen und deshalb glauben, der rechte Platz sei zu Jesu Füßen, diesmal sogar für Frauen.

Gewiss, der Mensch lebt nicht vom Brot allein, aber eben auch nicht vom Wort allein. Vielleicht hat Marta nur innerlich den Kopf geschüttelt und dabei gedacht: „Männer!" Aber vermutlich war sie ganz froh, dass Jesus im Gegensatz zu manchen seiner Jünger der 1960/70er Jahre (die nicht selten auch rein äußerlich seinem Idealbild nachstrebten) sich nicht erhoben und gesagt hat: Also, ich finde es voll unfair, dass wir Marta so im Regen stehen lassen. Wenn alle mit anpacken, haben wir das bisschen Kocherei gleich erledigt. Um

Seid untereinander gastfreundlich, ohne zu murren. Dient einander als gute Verwalter der vielfältigen Gnade Gottes, jeder mit der Gabe, die er empfangen hat.
2. Petrus 4,9f.

Gotteswillen!, hätte sich Marta dann wohl gedacht, redet meinetwegen über Gott und die Welt und von mir aus auch über Emanzipation, aber lasst mich wenigstens in der Küche zufrieden. – Zugegeben, so steht es wirklich nicht in der Bibel und gängiger Exegese entspricht es auch nicht und vermutlich auch nicht dem, was frau sich bei dieser Episode denkt.

Gott selbst zu Gast

Wie Jesus als Gast war, wissen wir ohnehin nicht, wir dürfen auch nicht zu viel, so reizvoll es auch erscheint, in diese und andere überlieferte Szenen hineininterpretieren. Aber die Gastfreundschaft spielte jedenfalls zu seiner Zeit und in seinem Volk eine große Rolle. Es gab da nicht nur die eigene Geschichte mit der nachhaltigen Erfahrung, als Volk selbst einmal fremd gewesen zu sein im Land der Ägypter; weil man sich selbst von Gott beschenkt erlebte, gab man seine Freigiebigkeit an andere, auch Fremde, weiter. Und es gab das Beispiel großherziger Gastgeber wie Abraham zum Beispiel, der den drei fremden Männern, die ihm bei seinem Zelt an den Eichen von Mamre begegneten, die Füße waschen und ein Essen zubereiten ließ. Letzteres ging ja nicht so nebenbei, wie das heute vielleicht möglich ist. Da mussten erst einmal Brotfladen gebacken und ein Kalb geschlachtet werden, wie in dieser Geschichte aus dem Buch Genesis (1. Mose 18) berichtet wird. Dass Abraham den Gästen gegenüber davon sprach, einen „Bissen Brot" zu holen und eine „kleine Stärkung" zuzubereiten, darf in dem Fall als orientalisches *Understatement* gelten. Und seine Gastfreundlichkeit wurde ihm reich gelohnt: Nicht weniger als die Geburt eines Sohnes bekamen er und seine Frau in Aussicht gestellt, obgleich beide schon über das Alter, in dem man noch an Kinder dachte, hinaus waren. Und der fromme Wunsch ging auch in Erfüllung. Es war ja auch nicht irgendjemand, den er da zu Gast hatte; die drei Männer – oder auch nur der *eine* Mann, die Zahl wechselt innerhalb der kleinen Geschichte – waren niemand anders als der Herr selbst; hier offenbarte sich nach christlicher Auffassung der dreieinige Gott.

Es gibt noch einige andere Geschichten im Alten Testament, in denen eine ähnlich großherzige Gastfreundschaft geschildert wird, wo sich vor allem aber hinter dem Gast ein göttlicher Besucher verbirgt. Das mag zu dem Rat geführt haben, den der Verfasser des neutestamentlichen Hebräerbriefes gibt: „Vergesst die Gastfreundschaft nicht; denn durch sie haben einige, ohne es zu ahnen, Engel beherbergt" (Hebräer 13,2). Hier trifft sich die biblische Überlieferung mit der von Ovid (43 v.Chr. – 17 n.Chr.) erzählten Geschichte,

Gast im Haus,
Gott im Haus!
Polnisches Sprichwort

wie der Göttervater Zeus und sein Sohn Hermes unerkannt auf Erden weilten und bei einem frommen alten Ehepaar, Philemon und Baucis, gastfreundliche Aufnahme fanden. Auch den beiden Alten wurde dies reich gelohnt: Ihre ärmliche Hütte wurde in einen Tempel verwandelt, in dem die beiden fortan als Priester fungierten. Vielleicht nicht unbedingt ein Gastgeschenk, über das man heute sehr glücklich wäre ...

Beiderseitige Bereicherung

Die bildliche Darstellung des genannten Besuchs der drei Männer bei Abraham wird auch als „Philoxenia" bezeichnet. Dieses griechische Wort bedeutet übersetzt Gastfreundschaft. In diesem Begriff zeigt sich eine eigentümliche Wandlung, die sich gegenüber dem Fremden in der Kulturgeschichte bemerkbar macht. Es gibt nämlich eine vielen Völkern gemeinsame Bereitschaft, den Fremden, den Menschen von anderer Herkunft, anderer Hautfarbe, anderer Sprache und Religion, zunächst argwöhnisch zu begegnen, ja sie sogar als Feinde zu behandeln – leider hat sich bisweilen bis heute nicht so viel daran geändert. Auch sprachlich lässt sich dies noch erkennen, denn das griechische Wort *xenos*, das lateinische *hostis* bzw. *hospes* wie auch das germanische *Gast* bedeutet zunächst nichts anderes als „Fremder" oder „Feind". Es gehörte viel dazu, diese Einstellung zu ändern, den Fremden als Gastfreund zu behandeln und in der Begegnung mit dem anderen auch die Bereicherung zu erkennen, die man selbst erfahren kann. Eine Bereicherung, die beiderseitig ist, ein Austausch, der beiden Seiten einen Mehrwert bieten kann.

Und auch einen Nährwert – denn der nicht zu ersetzende tiefste Ausdruck der Gastfreundschaft ist das Gastmahl, die Einladung zum Essen und Trinken. Es ist mehr, als nur dafür zu sorgen, dass der Gast etwas zu essen erhält; im eigentlichen Sinn bedeutet es, das Brot, das Essen mit ihm zu teilen. Brot teilen heißt Leben teilen. Das eben ist der Sinn der Gastfreundschaft: Für eine bestimmte Zeit teilt man das Leben miteinander. Man nimmt Anteil am anderen, umgekehrt soll er sich „wie zu Hause" fühlen, wie gern gesagt wird. Diese kulinarische Aufmerksamkeit dem Gast gegenüber nimmt unterschiedlichste Formen an; man kocht etwas besonders Gutes oder in so reicher Fülle, dass gar nicht alles aufgegessen werden kann. Man kredenzt einen besonderen Wein, den man für solche Gelegenheiten aufgehoben hat, und trägt das beste Geschirr auf. Im Islam gibt es Geschichten, wie bisweilen sogar das letzte Kamel geschlachtet wird, um dem Gast etwas vorzuset-

> *Der Sinn in den Gebräuchen der Gastfreundschaft ist: das Feindliche im Fremden zu lähmen.*
> *Friedrich Nietzsche*

zen. Angesichts der Bedeutung dieses Reittiers in den arabischen Ländern zeigt dies, wie man gewissermaßen sein letztes Hemd zu teilen bereit ist. In China oder Japan kann es geschehen, dass der Gastgeber von seinem Teller dem Gast immer wieder neue Köstlichkeiten zuschiebt; aufmerksam wird er darauf achten, dass nichts dabei ist, was dem Gast vielleicht unangenehm sein könnte.

Klösterliche Gastkultur

Auch in der christlichen Tradition spielt das Essen mit dem Gast eine wichtige Rolle. In der Klosterregel Benedikts (um 480–547) wird der Aufnahme der Gäste ein eigenes Kapitel gewidmet (Kapitel 53). Es beginnt mit dem markanten Satz: „Alle Gäste, die kommen, sollen wie Christus aufgenommen werden; denn er wird sagen: ‚Ich war Gast und ihr habt mich aufgenommen'." Der Hintergrund dieser Forderung sind die Worte Jesu in Blick auf das Weltgericht (Matthäus 25,31-46), in denen auch die Frage nach dem Umgang mit Fremden und Hungrigen eine Rolle spielt.

In diesem Kapitel findet sich nun auch der Hinweis, dass der Obere wegen des Gastes sogar das Fasten brechen darf (mit Ausnahme von besonderen Fasttagen); die Gastfreundschaft, die sich im gemeinsamen Essen – womöglich mit der Einladung an den Tisch des Oberen – zeigt, steht also höher als das in den Klöstern früher durchaus streng beobachtete Fasten. Die Liebe steht höher als das Gesetz. Das wird uns auch schon von den ersten Wüstenmönchen berichtet, die ja durchaus leidenschaftliche „Faster" waren, aber beim Besuch von Gästen das Gebot der Nächstenliebe im gemeinsamen Essen voranstellten. Begründet wird dabei das Fastenbrechen mit dem Wort Jesu, dass es Zeiten gibt, in denen der Bräutigam genommen ist; dann können die Hochzeitsgäste fasten (Matthäus 9,14f.). Der Gast also erscheint in der Würde des göttlichen Bräutigams, den man nur selten hat, dessentwegen das Fasten – das man immer bei sich hat – unterbleibt. Klösterliche Gastkultur lebt auch heute noch fort, auch wenn der Abt nicht mehr jedem einzelnen Ankömmling die Hände waschen kann. Eine „Klosterstube", ein „Klosterestaurant" oder eine „Klosterschenke" wollen diese Kultur zumindest im Namen noch anklingen lassen.

Einander dienen – mehr als „Service"

Apropos Gastkultur: „Die Welt zu Gast bei Freunden" lautete das Motto der letzten Fußballweltmeisterschaft in Deutschland. Durchaus gewagt, denn schließlich gelten die Deutschen – zumindest in eigener Ansicht – als nicht eben sehr gastfreundlich. Und so gehört es zu den Stereotypen der Erzählungen vom Urlaub in anderen Ländern, wie gastlich es dort zugehe. Mediterranen Ländern vor allem, so scheint es, wird Gastfreundschaft von vorneherein zugeschrieben, während man hierzulande über eine „Servicewüste" klagt. Wobei Gastfreundschaft und Service nicht unbedingt gleichzusetzen sind.

Ist die Gastfreundschaft nämlich gewissermaßen die Grundhaltung und Einstellung dem Fremden gegenüber, so ist die Gastlichkeit deren konkrete Umsetzung, die sich in vielerlei Formen ausdrückt: dem Ort und seiner Gestaltung, dem Gespräch, der Art und Weise, wie man dem Gast begegnet. Gastlichkeit kann freilich auch zum reinen Service werden, bei dem nicht mehr der Gedanke der Gastfreundschaft, sondern des Geschäftlichen im Vordergrund steht. So hat „Service" bei uns ja einen durchaus geschäftsmäßigen Beiklang und wird als Leistung verkauft: Dienstleistung. Dem Service liegt das lateinische „servire" zugrunde, was übersetzt „dienen" heißt. Dieses Dienen ist, so sehr dies heute auch als Zumutung erscheint, die christliche Grundhaltung schlechthin – auch dem Gast gegenüber. „Seid untereinander gastfreundlich, ohne zu murren. Dient einander, jeder mit der Gabe, die er empfangen hat", schreibt der Apostel Petrus an die Gemeinden in Kleinasien (1. Petrus 4,9f.).

Willkommen, Fremdling, lieber Gast, du Bild des verborgenen Gottes, tritt ein und verweile. Gott beschenkt mich in dir, weiht mir zum Tempel das Haus.
unbekannt

Er kann sich dabei auf ein ihm wohl unvergesslich gebliebenes Beispiel des Dienens berufen, bei dem ihm Jesus die Füße (und danach im übertragenen Sinn auch den Kopf) gewaschen hat: im Abendmahlssaal, wo Jesus einen Dienst übernommen hatte, den er als ihr Meister und Herr nicht nötig gehabt hätte. Aber diese Haltung des Einander-Dienens gibt er ihnen als Auftrag mit. – „Seid untereinander so gesinnt, wie es dem Leben in Jesus Christus entspricht", schreibt auch Paulus (Philipper 2,5) und zeichnet dann der Gemeinde in Philippi dieses Leben Jesu als einen Weg des Dienens, der ihn bis zum „servus", zum Knecht oder Sklaven der Menschen, machte. Ein Leben in dieser Gesinnung ist also ein Leben im „Service", um den heutigen Begriff in der Gastlichkeit wieder aufzugreifen. Das ist dann aber mehr als eine geschäftliche Technik, greift wieder zurück auf das Miteinander-Teilen und Aneinander-Anteil-Haben.

Gastliche Gemeinden

Auch immer mehr christliche Gemeinden entdecken dieses Prinzip der Gastfreundschaft und Gastlichkeit wieder – auch im Zusammenhang des Essens und Trinkens. Es ist erstaunlich, wie viele Essen in gemeindlichen Räumen inzwischen ausgegeben werden, wie viele Kirchenrestaurants oder Kirchencafés es inzwischen gibt. Und Letztere sind nicht zu

verwechseln mit einem Kirchenkaffee, der vielleicht im Anschluss an den Sonntagsgottesdienst gereicht wird, der aber auch ein kleines Zeichen von Gastlichkeit einer Gemeinde ist. Der Theologe Klaus Vorländer, der sich wiederholt mit „Gottes Gastfreundschaft im Leben der Gemeinde" beschäftigt hat, denkt dabei nach antikem Vorbild an das Ideal zweier Räume, die er „Bethaus" (Gottesdienstraum) und „Gasthaus" nennt. Beide zusammen verkörpern etwas vom Wesen der Kirche. Heute sind in den meisten Gemeinden neben dem Gottesdienstraum zusätzliche Gemeinderäume in Form eines Gemeindehauses oder Gemeindezentrums eine Selbstverständlichkeit. Dabei geht es heute weniger darum, durchreisende Fremde aufzunehmen als vielmehr, „Menschen auf ihrer Lebensreise einen Ort der Einkehr" zu bieten, „wo sie willkommen sind, wo sie Nahrung und Geborgenheit für Leib und Seele finden und vor allem: glückende Begegnungen. […] Dieses Gasthaus soll ein Ort sein, wo Leben wohnt und Leben gefördert wird. Blumen und Bilder sind dabei ebenso wichtig wie die Küche und Bewirtung, wie ein Spielraum für Kinder bzw. Mutter-Kind-Gruppen. Eine Ecke mit einem Wickeltisch gehört so selbstverständlich dazu wie eine behindertengerechte Einrichtung. Ein solcher Raum muss sich gewissermaßen ständig aktualisieren; er ist eine nicht endende kreative Aufgabe für alle Verantwortlichen in der Gemeinde."

Denn auch das moderne Leben hat etwas Nomadenhaftes; das Unterwegssein ist nicht nur biblisch-theologischer Ausdruck für unser Verweilen auf der Erde mit dem Ziel der endgültigen Heimat bei Gott, es ist leider auch vielen Menschen im Sinne des Suchens, des Fremdseins und der Anonymität vertraut. „Denn je mehr das Vorübergehende zum Normalfall menschlichen Lebens wird, desto wichtiger werden gastliche Orte, an denen Menschen eine Zeitlang verweilen und sich wohlfühlen können", schreibt Andreas Schlamm in dem Buch „Essen mit Gott in Deutschland".

Das vielleicht beeindruckendste Beispiel einer solch gemeindlichen Gastfreundschaft bietet die evangelische Leonhardkirche in Stuttgart, die alljährlich in den kältesten Winterwochen ihre Kirche ausräumt, um Platz zu schaffen für Tische und Bänke. Bis zu tausend Menschen täglich, Obdachlose zumeist, haben hier einen Ort, an dem sie nicht nur eine warme Mahlzeit erhalten, sondern sich austauschen können, ja so etwas wie ein Stück Heimat haben. Sie werden als Gäste behandelt und bezeichnet. Denn die „Stuttgarter Vesperkirche", wie sie genannt wird, bietet nicht eine Armenspeisung, sondern teilt Leben – wie Brot. Auf den Altären brennen die Kerzen den ganzen Tag, wie beim Gottesdienst. Dieser Dienst am Menschen – oder besser: dieses Mitleben mit Menschen – ist so verstanden auch ein Gottesdienst. Und darum findet diese Aktion für die Wohnungslosen nicht außerhalb der Kirche, etwa in einer Lagerhalle, statt, „wo Menschen, die anders sind, gerade noch ausgehalten werden können, sondern mitten in der Gemeinde, mitten in ihrem wichtigsten Raum: ihrer Kirche". Wie ein Gast einmal sagte: „Am schönsten an den Wochen in der Vesperkirche war, dass ihr uns nicht irgendeinen Saal angeboten, sondern uns in eure Kirche eingeladen habt" (aus dem Buch von Martin Friz „Brich dem Hungrigen dein Brot").

In das Wohnzimmer gewissermaßen. Das mit dem Gast zu teilen, was man hat, Anteil zu nehmen an dem, was ihm wichtig ist und ihn ausmacht, ist die Form der christlichen Gastlichkeit und Gastfreundschaft. Und vielleicht ist Marta von Jesus deshalb getadelt worden, als er zu den beiden Schwestern nach Betanien kam. Denn ihm ging es bei aller Bedeutung des gemeinsamen Essens zuallererst um das Reich Gottes und seine Verkündigung. Vielleicht hatte er sich also gewünscht, dass *beide* erst einmal hören, wovon ihm das Herz übergeht. Dann ist immer noch Zeit, sich ums Essen zu kümmern.

Ich wünsche dir:

Vor dem Essen ein stille Vorfreude
und Geduld beim ungeduldigen Warten.

Dann einen guten Hunger,
damit Leib und Seele gesunden.

Dazu einen feinen Gaumen
für die vielen Gewürze aus unserem Garten.

Auch ein Lächeln auf deinem Gesicht,
und dass wir Anteil nehmen an der Freude der anderen am Tisch.

Und schließlich noch ganz liebe Gäste,
die beim Essen kein dummes Zeug reden.

Josef Griesbeck

Martas Fischfilet mit scharfem Linsensalat

150 g Berglinsen oder Puy-Linsen
1 Zucchini
1 Möhre
1 Bund Frühlingszwiebeln
100 g kernlose Weintrauben
2 EL Zitronensaft
2 EL Olivenöl
1/4 TL Chilipulver
1 TL gemahlener Kreuzkümmel (Cumin)
2 EL Honig
Salz
1 Apfel

4 Fischfilets à 200 g
Salz
1 EL Zitronensaft
2 Eier
4 EL Mehl
4 EL Semmelbrösel
4 El Olivenöl

Die Linsen ohne Salz in reichlich Wasser ca. 30 Minuten kochen, abgießen, kalt abspülen und abtropfen lassen.

Zucchini waschen und putzen, Möhre waschen und schälen, beide in sehr feine Scheiben schneiden. Die Frühlingszwiebeln putzen, waschen und in schmale Ringe schneiden. Die Trauben waschen und halbieren oder vierteln.

Zitronensaft und Olivenöl mit den Gewürzen und Honig verrühren und mit Salz abschmecken. Den Apfel waschen, vom Kerngehäuse befreien und in schmale Spalten schneiden. Alle Salatzutaten vorsichtig vermischen, durchziehen lassen und nochmals mit Salz abschmecken.

Die Fischfilets mit Salz und Zitronensaft würzen. Eier verquirlen. Fischfilets nacheinander erst in Mehl, in den Eiern und dann in den Semmelbröseln wenden.

Olivenöl erhitzen, den Fisch darin bei mittlerer Hitze braun braten. Fisch auf Küchenpapier abtropfen lassen und mit dem Linsen-Zwiebel-Salat servieren.

8. Brot und Wein

Von der Bedeutung reichlichen Essens im Mittelalter, der Heiligkeit bestimmter Speisen und Getränke und vom Brot für die Welt

Offene Biergärten im Januar, hochsommerliche Temperaturen im April, Stürme und schwere Überschwemmungen im Sommer: Angesichts der Wetterkapriolen der vergangenen Jahre stellt sich schnell die Vorstellung eines Klimawandels mit katastrophalen Folgen für Mensch und Natur ein. Dabei ist das, was wir zur Zeit erleben, harmlos gegenüber früheren Jahrhunderten. In einem aufschlussreichen Buch hat Rüdiger Glaser die „Klimageschichte Mitteleuropas" untersucht und das Wetter der vergangenen 1000 Jahre beschrieben. Extreme Situationen, Veränderungen und Schwankungen haben die Menschen früher weit mehr verunsichert als uns heutige, denn die Folgen bekamen sie unmittelbar durch schwere Hungersnöte zu spüren.

Eine besonders große Hungersnot gab es in Westeuropa zwischen 1315 und 1317. Klimatische Veränderungen verursachten sehr kalte Winter, dazu sintflutartige Regenfälle im Sommer, die einen Großteil der Ernte vernichteten. Teilweise gingen die Erträge um 50 Prozent zurück, der Marktpreis für Weizen stieg um 500 Prozent. Das Vieh wurde durch Krankheiten dezimiert, auch in der Bevölkerung wuchs die Sterblichkeitsrate so sehr, dass mancherorts neue Friedhöfe angelegt werden mussten. Am meisten litten dabei die Menschen in Deutschland, Nordfrankreich und Flandern.

In eben diesem Jahr des Hungers 1317 wurde die Feier des Fronleichnamsfestes, das im 13. Jahrhundert in Lüttich entstanden war und 1264 für die ganze Kirche vorgeschrieben wurde, von römischer Seite aus erneut eingeschärft: Und erst ab jetzt verbreitete es sich zusammen mit der eucharistischen Prozession rasch in den Kirchen und Klöstern Europas, nachdem es bislang noch nicht sonderlich angenommen worden war, und wurde mit tiefer innerer Anteilnahme und großer Freude an der äußeren Gestaltung begangen. – Ein Zufall? Ganz sicher spielte die mittelalterliche Eucharistiefrömmigkeit eine entscheidende Rolle bei der Entstehung und Verbreitung dieses Festes des eucharistischen Leibes Christi, doch die Erfahrung der furchtbaren Hungersnöte mag dazu beigetragen haben, die Verehrung des heiligen Brotes zu fördern. Die Form des Festes, wie sie uns auch heute noch begegnet, stützt diese These vielleicht, denn vor allem in Deutschland nahm die Prozession Anleihe an den sogenannten „Flurumgängen", bei denen die Felder umschritten und mit dem mitgetragenen Sakrament, dem heiligen Brot der Eucharistie, gesegnet wurden. Vom „Brot des Himmels" erhoffte man sich den Segen für das Brot der Erde und für alles, was auf ihr wächst.

Das Brot, das Gott gibt, kommt vom Himmel herab und gibt der Welt das Leben.
Johannes 6,33

Dass dieses eucharistische Brot nicht den leiblichen Hunger stillen kann und nicht mit dem gewöhnlichen Brot zu vergleichen ist, war den Menschen bewusst. Aber das Wissen um den Wert des Brotes, die Erfahrung, wie es ist, wenn Hunger gestillt wird, stellt eine ganz andere Beziehung zu dem dar, der von sich sagt: „Ich bin das Brot des Lebens; wer zu mir kommt, wird nie mehr hungern" (Johannes 6,35). Nicht nur hat so die Alltagserfahrung die Liturgie geprägt, die Eucharistie hat auch den Umgang mit Brot und Wein im Alltag verändert. Warum, so fragt der Kulturhistoriker Johan Huizinga, stehen an der mittelalterlichen Tafel die *panetiers* und Mundschenken als erster und zweiter Rang vor den Vorschneidern und Köchen?, und gibt die Antwort: „Weil ihr Amt das Brot und den Wein betrifft, heilige Dinge, die von der Würde des Sakraments verklärt werden." Brot wirft man nicht weg: Diese alte Regel fasst nicht nur die Erfahrung mit Hunger, sondern auch die Ehrfurcht vor der religiösen Bedeutung des Brotes zusammen. Ja, vor der Heiligkeit der Nahrung überhaupt.

Ein Stück Lebenskraft

Die Einschätzung der Nahrung und bestimmter Nahrungsmittel als heilig hängt wesentlich mit religiösen Bestimmungen zusammen, Verboten und Tabus. Der Bereich der Lebenskraft gebenden Ernährung war wie der des Gebo‑

renwerdens und Sterbens sowie der Sexualität seit jeher von religiösen Vorstellungen umgeben, denn hier wird das Mysterium des Lebens selbst berührt. Weil die Nahrung dazu dient, Leben zu erhalten – Lebensmittel –, ist sie heilig, wie auch das Leben heilig ist. Essen heißt demnach, am Leben Anteil haben, das Leben in sich aufnehmen. Gott ist es, der das Leben schenkt; daher ist jedes Essen auch ein Berühren und Einnehmen dieser göttlichen Lebenskraft. Mit dem physischen Nährwert ist also auch ein geistlicher Wert verbunden. Unübertroffen hat Carl Zuckmayr diese Einschätzung in seinem Gedicht „Das Essen" zum Ausdruck gebracht, dessen 6. Strophe von Leben und göttlicher Kraft nur so strotzt – die einzige Strophe seines Gedichtes auch mit fünf statt vier Zeilen:

Beefsteak tartare ist fast so stark an Gnade
wie ein am Grill gebratnes Lendenstück,
und viele Götter leben im Salate,
saftrot und samenkerngeschwellt das Weib
   Tomate
und grünes Kraut im Frühling ist ein kühles
   Glück.

Lende – samenkerngeschwellt – Weib; Gnade – Götter – Glück: In diesen sechs Worten sammelt sich die Vorstellung von heiligem, gottgegebenem Leben, das durch das Essen aufgenommen wird. Mahlzeit ist Lebenszeit, schreibt Gottfried Bachl in seinem Buch „Eucharistie – Macht und Lust des Verzehrens" – Leben im Sinne einer von Gott geschenkten und immer wieder erneuerten Existenz.

In vielen Religionen und Kulturen sind es daher energiereiche, gewissermaßen kompakte Lebenskraft vermittelnde Speisen, die als heilig gelten. Im Hinduismus ist es das Prasad, eine Breimischung aus Weizengrieß und Butter, die als heilige Speise gilt; die fetten und eiweißreichen Kakaobohnen galten den Ureinwohnern Südamerikas als heilige Speise der Götter.

Bei manchen nordamerikanischen Indianerstämmen war es das Pemmikan, eine Mischung aus gebratenem und anschließend zerstoßenem Fleisch, Mark und Talg, das man auch als Energiereserve mit auf den Kriegszug oder andere Unternehmungen nahm – der Schriftsteller Stan Nadolny hat das Pemmikan in seinem Roman „Die Entdeckung der Langsamkeit" beschrieben.

Auch Honig hatte in der Antike diese Bedeutung. Milch und Honig spielten schon in der griechischen Mythologie eine Rolle; sie wurden in den ersten christlichen Jahrhunderten als Gemisch auch den Neugetauften nach dem Taufbad gereicht. Der alte Gedanke einer Götterspeisung und des Überflusses wurde hierbei durch die Idee abgelöst, dass die Neugetauften nunmehr die Kirche als das Land Kanaan erreicht haben, wo Milch und Honig fließen, wie es im biblischen Buch Exodus heißt (2. Mose 3,8).

Schließlich besaß auch das Olivenöl im Altertum einen besonderen Wert; die Olive war die Frucht zur Ölgewinnung und speicherte den Reichtum der Sonne. – Brot, Wein,

Öl: Diese heilige Trias der Lebensmittel wird auch im Psalm beschrieben: „Du lässt Gras wachsen für das Vieh, auch Pflanzen für den Menschen, die er anbaut, damit er Brot gewinnt von der Erde und Wein, der das Herz des Menschen erfreut, damit sein Gesicht von Öl erglänzt und Brot das Menschenherz stärkt" (Psalm 104,14f.).

Riten und Gebete
Diese Einschätzung einer Speise als heilig kommt im Gebet zum Ausdruck, aber auch in Riten und Ritualen, die um den Segen Gottes für die dem Menschen als Nahrungsgrundlage dienenden Tiere und Früchte der Erde bitten und dafür danken. Speisen werden Gott geopfert, vor sein Angesicht gebracht und mit seinem Segen versehen zurück- und zu sich genommen. Vor allem aber ist der Umgang mit den Nahrungsmitteln selbst bedeutsam. Die jüdischen Kaschrut-Bestimmungen zeugen davon. Zu ihnen gehört nicht nur die Unterscheidung der Nahrungsmittel – koscher und trefe – und der entsprechend geregelte Umgang mit den Lebensmitteln, sondern auch die Abgabe der Erstlingsfrüchte, wie sie im biblischen Buch Deuteronomium bestimmt wird (5. Mose 26,1-11): Weil Gott die Israeliten aus der ägyptischen Gefangenschaft in ein Land führte, „in dem Milch und Honig fließen", gebührt ihm der erste Ertrag des Bodens. Diese Regelung wird – in Anpas-

sung an die Lebensumstände – bis heute eingehalten, denn: „Beim koscheren Essen geht es nicht um die Lebensmittel, sondern um eine Lebenshaltung", sagt Lea Fleischmann in ihrem Buch „Heiliges Essen". Eine Lebenshaltung, in der sich die Einstellung zu Gott und den von ihm geschenkten Nahrungsmitteln ausdrückt.

Im Christentum haben sich diese Kaschrut-Bestimmungen nicht ausgeprägt, auch nicht die Vorstellung bestimmter reiner oder unreiner Speisen. Die Aufhebung der jüdischen Speisegesetze war bei der Ausbreitung des Evangeliums gewissermaßen ein Zugeständnis an die nichtjüdischen Völker. Aber die Vorstellung einer „Heiligkeit" bestimmter Nahrungsmittel besteht auch hier. Das Brot wurde schon genannt, das ja nicht nur von der Eucharistie her seine Würde empfängt. Brot ist gewissermaßen Nahrungsmittel schlechthin („Broterwerb"), symbolisiert das, was das Leben des Menschen ausmacht, ist Abbreviatur des Essens („Brotzeit"). Der Brotpreis hat in vielen Ländern eine hochpolitische Bedeutung. Brot herzustellen ist eine mühevolle Arbeit, die ganz offensichtlich auch davon abhängt, was die Ernte hergibt. Brot ist in diesem Sinn tatsächlich nicht nur die „Frucht der Erde", wie es sinngemäß im jüdischen Tischgebet heißt, sondern auch „der menschlichen Arbeit", wie dieses Gebet in der katholischen Messfeier ergänzt wird. In zahlreichen Redewendungen und Brauchformen kommt diese Besonderheit des Brotes zum Ausdruck.

Nicht sehr viel anders ist es mit dem Wein. Zwar ist er – zumindest in nördlichen Breiten – kein Grundgetränk, wie das Brot Grundnahrungsmittel ist (in vielen Ländern freilich gehört er selbstverständlich zur täglichen Mahlzeit dazu). Aber da der Wein wertvoller ist als viele andere Getränke, was auch auf die Art seiner Produktion zurückzuführen ist, gilt er als etwas Besonderes. Als alkoholisches Getränk eignet er sich für festliche Anlässe, er galt (und gilt vielen Menschen) als Medizin. Und auch bei ihm trägt die gottesdienstliche Verwendung und die sakramentale Bedeutung als Blut Christi viel zur Bedeutung bei, die sich ebenfalls in zahlreichen Riten ausdrückt bis hin zu Trinksprüchen, besonders gestalteten Trinkgefäßen und zur Art des Kredenzens. „Brot und Wein – beide sind und schenken Leben, aber sie sind und künden und geben es in ganz verschiedener Erscheinungsweise. Beide zusammen sind Bild für das Ganze des Lebens, für seine Tiefe und Höhe, weshalb sie auch bei den Alten als Vertreter der Unter- und Oberwelt das kosmische Mysterium als Ganzes darstellten und darum weithin galten als die Elemente des ‚antiken Sakraments' und ‚Symbole der All-Einheit'", wie Photina Rech in ihrer „Symbolik der Schöpfung" schreibt.

Brot vom Himmel für die Welt

„Ganz" und „heil" ist die ursprüngliche Bedeutung des deutschen Wortes „heilig". Heiligkeit ist freilich ein Begriff, dessen Verständnis immer wieder Wandlungen unterworfen ist. Am Beispiel derjenigen Menschen, die als Heilige verehrt werden, werden diese Wandlungen besonders deutlich. Nach heutiger Einschätzung sind Heilige vor allem diejenigen Menschen, die sich sozial-karitativ für andere Menschen und die Schöpfung einsetzten: Franziskus, Elisabeth, Mutter Teresa; auch aus älterer Zeit scheinen heute vor allem noch

Respektiert das Brot.
Es wurde uns geschenkt
durch den Segen des
Himmels und der Erde.
Wer noch Brot isst,
das vom Tisch fiel, den
erwartet Erlösung.
Rawahe Tibrani

Kräuter-Käse-Brot

200 ml Milch
1 Päckchen Trockenhefe
1–2 TL Zucker
300 g Mehl
1 TL Salz
1 EL frische gehackte Kräuter
(Petersilie, Schnittlauch, Basilikum)
100 g geriebener Gouda oder Emmentaler
1 Ei
Öl

Die lauwarme Milch in einer Rührschüssel mit der Trockenhefe und dem Zucker verrühren. Mehl, Salz, Kräuter und Käse vermischen und zu der Milch-Hefe-Mischung geben. Das Ei hinzufügen und alles zu einem zähen Teig verkneten.

Die Schüssel mit einem Tuch abdecken und den Teig an einem warmen Ort gehen lassen, bis sich sein Volumen verdoppelt hat. Eine Kastenform mit Öl einpinseln. Den Backofen auf 200 Grad vorheizen.

Den Teig nochmals kurz durchkneten, in die Form füllen und in der Form wieder gehen lassen. Das Kräuter-Käse-Brot ca. 20 Minuten backen. Mit einem Holzstäbchen in das Brot stechen. Wenn an dem Stäbchen noch feuchter Teig klebt, das Brot weitere 5-10 Minuten backen.

Nach Belieben kleine geschnittene Oliven oder fein gewürfelte Zwiebeln mitbacken. Zu dem Kräuter-Käse-Brot passen Butter, Käse, Oliven und natürlich ein Glas Wein.

9. Gemeinschaftlich und allein

Von der ganzen Stadt als Tafel, von paradiesischen Vorstellungen eines gemeinschaftlichen Mahles und der gelegentlichen Not des Alleinessens

Judith Heller und Stefan Imfeld hatten eine Idee. Für ihre Abschlussarbeit an der Hochschule Niederrhein suchten die beiden Design-Studierenden im Jahr 2008 nach einer Idee für eine Werbekampagne und stießen dabei auf eine 2000 Jahre alte Marke, die in Deutschland nicht das allerbeste Image genießt: die katholische Kirche. Für sie entwarfen sie nicht nur ein neues Logo, das die Kirche als Gemeinschaft ihrer Mitglieder zeigt, sondern auch ein passendes Motto: „Gemeinsam für ein Paradies auf Erden". Verschiedene fantasievolle Kampagnen und Aktionen mit diesem Motto sollten die Relevanz der Kirche auch im 21. Jahrhundert unterstreichen; so auch das – fiktive – Projekt eines deutschlandweiten gemeinschaftlichen großen Mahles, zu dem die Menschen am Ostersonntag, dem höchsten christlichen Fest und dem Ende der Fastenzeit, zusammenkommen: „Gemeinsam den Tisch decken für ein Paradies auf Erden". Parallel in allen größeren Städten, so die Idee, lädt die katholische Kirche zu einem Straßenmahl ein. Also nicht versteckt in einem Pfarrsaal: Die ganze Stadt soll dabei zur Tafel werden. Jeder, ganz gleich welcher Herkunft oder Konfession, ist eingeladen, hieran teilzunehmen, und aufgefordert, etwas zu essen mitzubringen, um gemeinsam den Tisch zu decken, denn ein gemeinsames

Mahl verbindet und stärkt den Gemeinschaftsgedanken. „Die Katholische Kirche bittet zu Tisch", könnte eine Schlagzeile lauten. Ungewöhnlich, unvorstellbar, unmöglich?

Gemeinsam den Tisch decken für ein Paradies auf Erden: Leider blieb es bislang nur bei der Idee dieses Projektes. Doch der Gedanke ist alt, auch keineswegs nur katholisch, nicht einmal nur christlich. In allen drei abrahamitischen Religionen – Judentum, Christentum und Islam – spielt das Essen eine wesentliche und wichtige Rolle und wird auch durch Hinweise und Vorbilder aus den grundlegenden Schriften – Bibel, Neues Testament und Koran – geprägt. Allen drei Religionen gemeinsam ist eine Liebe zur guten Küche, in der sich auch das Religionsverständnis widerspiegelt. Und allen dreien gemeinsam ist eben auch das Bild einer Mahlgemeinschaft, die am Ende der Zeiten steht: Die Vollendung im Jenseits kann man sich nicht paradiesischer vorstellen als im gemeinschaftlichen Essen und Trinken.

Gemeinsam für ein Paradies – nicht nur auf Erden: Der Koran schildert in Sure 56 das paradiesische Mahl am Ende der Zeiten in herrlichen Gärten, in denen die Auserwählten auf Speisepolstern ruhen, (Wein) trinken, ohne Kopfschmerzen zu bekommen (!) oder berauscht zu werden. Was immer sie begehren an Fleisch und Obst, erhalten sie und bedient werden sie von hübschen Knaben, dieweil schöne junge Frauen ihnen Gesellschaft leisten. – Der Prophet Jesaja wiederum denkt sich die Endzeit als ein Festmahl auf dem Berge Zion, zu dem der Herr der Heere alle Völker einlädt, zu einem Gelage mit den besten und feinsten Speisen, mit besten, erlesenen Weinen (Jesaja 25,6).

– Und Jesus spricht im Abendmahlssaal davon, dass dieses Essen und Trinken seine Erfüllung finden wird im Reich

Das Wesen des Christentums ist ... miteinander essen.
Franz Mussner

Gottes, das er ja auch immer wieder unter dem Bild eines Gastmahles geschildert hat: Mit dem Himmelreich ist es wie mit einem Festmahl, das ein Mann veranstaltete (vgl. Lukas 14,16). Allerdings spielen in diesem endzeitlichen Mahl nach christlicher Vorstellung irdische Genüsse oder gar Gelüste keine Rolle mehr, vielmehr geht es um die selige Gemeinschaft an sich. Die Vorstellung eines „Münchners im Himmel", der auf seiner Wolke sitzt, frohlocken muss und auf sein „Manna" wartet, ist jedenfalls nicht biblisch. Vielleicht war es jenem „Engel Alois" deshalb auch zu fad heroben und er suchte die nächstbeste Gelegenheit, ins Hofbräuhaus zu entschwinden, wo man bekanntlich selten allein is(s)t und trinkt.

Mahlgemeinschaft – auch vor und nach dem Mahl

Miteinander essen: Von der einfachsten Form der Zweierbeziehung Mutter – Kind, die zunächst biologisch geprägt ist, reicht die Form der Gemeinschaft beim Essen bis zu großen Mählern mit einer Vielzahl von Beteiligten. Und dazwischen steht das gewöhnliche Essen im Kreis der Familie oder auch mit Kollegen in der Kantine. Auch wenn man es auf den ersten Blick nicht so wahrnimmt: Die Tischgemeinschaft hat eine eminent wichtige soziale Bedeutung; hier erfährt man Einschränkung und auch das Gegenteil, wie die Soziologen erklären. Ein Essen, bei dem allen Beteiligten reichlich Speise zur Verfügung steht, bei dem man sich nahe ist auch durch Gespräch und Unterhaltung, durch Zureichung und Handreichung, stimuliert und potenziert Glücksempfindungen. Deswegen isst man gern gut und reichlich zu besonderen Anlässen. Vor allem aber gilt: Das gemeinsame Essen trägt zur Festigung einer Gemeinschaft und Identifikation wesentlich bei. Wie sehr gerade tatsächlich die eigene Identität mit dem Essen zusammenhängt, hat bestimmt schon jede und jeder als Kind einmal gespürt, wenn man in einer anderen Familie mit zu Tisch sitzt: Die anderen Gesichter, Gerichte und Gerüche lassen einen zunächst fremdeln, bis man auch hier Zutrauen gefasst und Geschmack gefunden hat.

Und die Gemeinschaft entsteht nicht erst beim Essen selbst. Bereits das gemeinsame Vorbereiten in der Küche, Putzen und Schnippeln des Gemüses, Waschen des Salates, Ansetzen des Bratens und was es an Kochtätigkeiten und Vorbereitungen des Essens bis hin zum Tischdecken alles gibt, ist schon eine gute Gelegenheit zum Austausch – etwa mit den Kindern, die dabei helfen dürfen und so auch eigene Bedeutung als kleine Köche erfahren. Die gemeinsam belegte Pizza schmeckt so allemal besser als die schnell gelieferte vom Pizzaservice nebenan. – Wenn jeder gibt, was er hat, dann werden alle satt:

Dieses Motto gilt nicht nur für studentische Essgemeinschaften, sondern auch für Kirchengemeinden; so gibt es mancherorts im Anschluss an den Sonntagsgottesdienst einen „potluck", einen „Topf Glück", ein Essen, zu dem alle etwas beisteuern, sodass man vorher gar nicht weiß, was später alles auf dem Tisch steht. Und auch im Zeichen drückt sich die Gemeinschaft aus. Selbst wo es kein Tischgebet (mehr) gibt, fasst man sich vielleicht vor dem Essen an den Händen: „Wir wünschen einen guten Appetit", sagt man dazu (oder das bekannte, von Gildo Horn persiflierte „Piep, piep, piep, wir haben uns alle lieb …"). Kindisch? Vielleicht ja – aber eben auch ganz wichtig.

Miteinander essen verbindet über den Tod hinaus

Miteinander essen kann sogar versöhnen; zu den „Zehn Geboten eines Gourmands", die Graf Montluc im 19. Jahrhundert in seinen Speisesaal einmeißeln ließ, gehörte auch der Rat, diejenigen Leute beim Essen dicht nebeneinander zu setzen, die miteinander verfeindet sind: „Nichts in der Welt macht die Herzen der Menschen versöhnlicher als die Freuden der Tafel." So dienen die abendlichen Mahlzeiten beim muslimischen Fastenbrechen denn auch der Stärkung der Verwandtschaftsbeziehung und sollen dort versöhnen, wo es vielleicht Streit gab.

Umgekehrt kommt die Nichtzugehörigkeit zur Gemeinschaft kaum stärker zum Ausdruck als durch den Ausschluss vom Tisch, vom gemeinsamen Mahl. Eine empfindliche Strafe – vor allem für Kinder, die man gelegentlich, wenn sie sich scheinbar nicht einfügen wollen, vom Tisch schickt. Die Schriftstellerin Agnes Sapper hat in ihrem früher viel gelesenen Roman „Die Familie Pfäffling" auf anrührende Weise beschrieben, wie sich der jüngste Sohn Frieder dabei fühlte, als er wegen Bockigseins zur Strafe alleine essen musste: „So aß der Kleine außen im Vorplatz, und sooft die Zimmertür aufging, kamen ihm die Tränen; denn er sah die Seinen um die Lampe am Tisch sitzen, und sein Platz war leer." Eine Exkommunikation im wahrsten Sinne des Wortes, denn man schließt nicht nur aus der Communio, der Gemeinschaft, aus, sondern auch von der Kommunikation beim Essen untereinander. So ist denn auch die Exkommunikation in der Kirche als Ausschluss vom Empfang der Sakramente, vor allem des Abendmahls, die höchste Strafe.

Es hängt wohl mit dieser Bedeutung des Essens für eine Gemeinschaft zusammen, dass die wichtigen Feste im Leben – auch im Leben der Familien – mit gemeinsamen Mählern verbunden sind. Von der Wiege bis zu Bahre begleiten besondere Mahlzeiten den Lebensweg mit seinen Höhepunkten und Übergängen; sie deuten diese aus und machen die

Zusammengehörigkeit erfahrbar. Sogar über das Grab hinaus: Bei den Römern gab es den Brauch, beim Totenmahl einen leeren Stuhl für den Verstorbenen aufzustellen, den man im Gedächtnis gegenwärtig wusste. Am „Día de los muertos", am 2. November, feiern die Menschen in Mexiko an den mit Blumen und Kerzen reich geschmückten Gräbern ein makaber-fröhliches Picknick, essen süßes Totenbrot (pane de muerto), trinken viel Tequila und stellen auch ihren Verstorbenen etwas zu essen und trinken aufs Grab, mitunter sogar ihre Lieblingsgerichte oder -getränke. Ist der Körper auch tot und längst verwest, lebt die Seele doch weiter und feiert in Gemeinschaft bei Mahl schon fröhliche Urständ! So hat man im christlichen Altertum auch das eucharistische Mahl über den Gräbern der Verstorbenen gefeiert und bis heute gedenkt man bei der Feier der Eucharistie der Toten. Die Vorstellung einer Mahlgemeinschaft über den Tod hinaus gehört eben zu den wesentlichen Glaubensüberzeugungen der Christen, weil die Gemeinschaft beim Essen und Trinken eines ihrer Kennzeichen ist, auch wenn man das heute nicht mehr unbedingt wahrnimmt. Im Letzten geht es ja sogar um eine Gemeinschaft mit Gott selbst.

Vorgeschmack ewiger Gemeinschaft
Der Gedanke, durch das Essen Anteil an Gott zu erhalten, ja Gott zu essen, ist durchaus alt und in verschiedenen Religionen verbreitet. Vor allem in Naturreligionen: Durch die Verspeisung einer in den Erntegaben symbolisierten Gottheit wird der Einzelne in eine magische Einheit und Gemeinschaft mit dieser hineingenommen. Essen bedeutet immer Einverleibung von Leben und Kraft, physisch, aber eben auch geistig-geistlich. In der christlichen Religion ist dieser Gedanke der Teilhabe am stärksten ausgedrückt; die Lebensgemeinschaft mit ihm, dem Gottessohn, fasste Jesus in die anstößig klingenden Worte: „Wer mein Fleisch isst und mein Blut trinkt, der bleibt in mir und ich bleibe in ihm" (Johannes 6,56). Im Abendmahl bzw. in der heiligen Messe geschieht eben dies, wenn die Gläubigen Leib und Blut Christi im Zeichen von Brot und Wein zu sich nehmen, und die begleitenden Gebete drücken diese Gemeinschaft aus: „Herr, unser Gott, in deinem Wort und Sakrament gibst du uns Nahrung und Leben. Lass uns durch diese großen Gaben wachsen und zur ewigen Gemeinschaft mit deinem Sohn gelangen …" Die sakramentale Gemeinschaft in Brot und Wein als ein Vorgeschmack für die endgültige Gemeinschaft im ewigen Paradies.

Allein essen – ein trauriges Mahl
Für die Dichter ist es sicherlich ein glücklicher Umstand, dass sich in der deutschen Sprache „Brot" auf „Not" und „Tod" reimt. Damit lässt sich nicht zuletzt in vielen Liedern und Gedichten die existenzielle Bedeutung dieses Lebensmittels trefflich zum Ausdruck bringen. Und nicht minder passend erscheint das Reimpaar „einsam" und „gemeinsam" – mehr Gegensatz als Paar freilich, gerade in Blick auf das Essen. Ist die Gemeinschaft im Essen, wie gesehen, sogar Bild für das ersehnte Paradies – im Himmel wie auf Erden –, so gilt das einsame Essen als traurige, bedauernswerte, ja verabscheuenswerte Situation.

Das einsame schnelle Essen, so wird gesagt, benötigt keine Rezepte oder Rituale, es ist auch nicht des Erzählens wert. Letzteres stimmt zumindest im Blick auf die Literaturgeschichte nicht, denn gern wird auch die Mahlzeit Alleinessender in den Blick genommen. Allerdings kommen auch hier eher negative Beispiele zum Aufschein: Unmäßigkeit, Undankbarkeit und Gemeinschaftsunfähigkeit sind wesentliche Merkmale dieser Mahlzeiten in der modernen Erzählliteratur, wie

Alois Wierlacher in seinem Buch „Vom Essen in der deutschen Literatur" schreibt. Und als Prototyp jenes Alleinessers könnte der junge, dicke Herr in Alfred Döblins „Berlin Alexanderplatz" gelten: „Er hat einen dampfenden Teller mit Roulade, Soße und Kartoffeln vor sich stehen und ist dabei, alles hintereinander zu verschlingen. Seine Augen wandern hin und her über den Teller, dabei nimmt ihm doch keiner was weg, sitzt keiner in der Nähe, er sitzt ganz allein an seinem Tisch, aber doch in Sorge [...], und während er arbeitet, [...] schneidet, quetscht und schlingt, schnüffelt, schmeckt und schluckt, betrachten seine Augen, beobachten seine Augen den immer kleineren Rest auf dem Teller, bewachen ihn rundherum wie zwei bissige Hunde und taxieren seinen Umfang." Sein plastisches Gegenstück ist die Skulptur „Il mangiatore", „Der Esser", von Paolo Troubetzky, die einen beleibten Mann allein am Tisch im Kampf mit dem vollen Teller zeigt.

So wird der einsame Esser zur Karikatur, in der bildenden Kunst wie auch in der Literatur. Und der „Eigenbrötler", ursprünglich ein achtbarer Mensch, der sein eigenes Brot bäckt, ist zum Synonym für einen Sonderling geworden. Dabei essen immer mehr Menschen heute allein, aus unterschiedlichsten Gründen. Die Lebensmittelindustrie hat sich längst auf Single-Haushalte eingestellt und bietet entsprechende Portionen an. Dennoch ist es für viele Menschen keine einfache Situation, allein zu essen, weil sie sich vielleicht wehmütig an zahlreiche schöne gemeinsame Mahlzeiten im Kreis der Familie zurückerinnern. Manchmal kann man dies damit überspielen, dass man beim Fernsehen speist und so mit den Damen und Herren des „Presseclubs" oder dem „heute"-Team eine virtuelle Tischgemeinschaft bildet. Trotzdem bleibt das Alleinessen meist eine traurige Angelegenheit und man muss Disziplin aufbringen, um sich (auch

und gerade, wenn's keiner sieht) mit Fantasie und Liebe das Mahl schön und die Mahlzeit angenehm zu machen – eben sich nicht gehen zu lassen und zu werden wie der von Döblin gezeichnete Esser. *Monophagein*, allein essen gilt schon in der Antike als Ausdruck von Traurigkeit und Ausgeschlossenheit.

Um zumindest diese Ausgeschlossenheit zu überwinden, gibt es immer mehr Initiativen, Alleinstehende – nicht nur Bedürftige – gelegentlich zu einem gemeinsamen Essen zu bewegen und einzuladen. Auch Kirchengemeinden machen regelmäßige Angebote für einen gemeinsamen Mittagstisch. Hier werden Menschen zusammengeführt, die das Alleinessen satt haben. Manche Vereinsamung bricht dabei auf und hie und da führt das sogar zu neuen Partnerschaften.

„Gemeinsam den Tisch decken für ein Paradies auf Erden": Zumindest ansatzweise wurde die Idee der beiden eingangs genannten Studenten im September 2009 in Hamburg umgesetzt, als zur „Nacht der Kirchen" an der längsten weißen Tafel der Stadt vor dem Mariendom für über 1000 Gäste ein einfaches, aber köstliches Mahl bereitet wurde. Fernsehkoch Rainer Sass servierte – wie passend – „Himmel und Erde", ein traditionelles Gericht aus Stampfkartoffeln, Apfelmus und gebratener Blutwurst oder pochierter Leberwurst, für das rund 10.000 Äpfel aus dem Alten Land und 150 Kilogramm Kartoffeln verarbeitet wurden. Und vielleicht kamen die Gäste beim Essen und Gespräch nicht nur sich, sondern auch dem Himmel für eine Stunde ein bisschen näher.

Ein kleiner Junge wollte Gott treffen.

Er packte einige Coladosen und Schokoriegel in seinen Rucksack
und machte sich auf den Weg.

In einem Park sah er eine alte Frau,
die auf einer Bank saß und den Tauben zuschaute.

Der Junge setze sich zu ihr und öffnete seinen Rucksack.

Als er eine Cola herausholen wollte,
sah er den hungrigen Blick seiner Nachbarin.

Er nahm einen Schokoriegel heraus und gab ihn der Frau.

Dankbar lächelte sie ihn an – ein wundervolles Lächeln!

Um dieses Lächeln noch einmal zu sehen,
bot ihr der Junge auch eine Cola an.

Sie nahm sie und lächelte wieder, noch strahlender als zuvor.

So saßen die beiden den ganzen Nachmittag im Park,
aßen Schokoriegel und tranken Cola.

Sie sprachen kein Wort.

Als es dunkel wurde, wollte der Junge nach Hause gehen.

Nach einigen Schritten hielt er inne,
ging zurück und umarmte die Frau.

Die schenkte ihm dafür ihr allerschönstes Lächeln.

Zu Hause fragt ihn seine Mutter:
„Was hast du denn heute Schönes gemacht,
dass du so fröhlich aussiehst?"

Der Junge antwortete:
„Ich habe mit Gott Mittag gegessen –
und sie hat ein wundervolles Lächeln!"

Auch die alte Frau war nach Hause gegangen,
wo ihr Sohn sie fragte, warum sie so fröhlich aussehe.

Sie antwortete:
„Ich habe mit Gott Mittag gegessen –
und er ist viel jünger, als ich dachte."

Himmel und Erde

1 kg Kartoffeln
1 TL Salz
500 g Äpfel
1/2 TL Zucker
1 EL Zitronensaft
100 g Speck, geräuchert
2 Zwiebeln
400 g Blutwurst

Die Kartoffeln waschen, schälen und in 1 cm große Würfel schneiden. Knapp mit Salzwasser bedecken und etwa 15 Minuten garen.

Die Äpfel schälen, achteln und das Kerngehäuse entfernen. Die Apfelspalten mit 50 ml Wasser, Zucker und Zitronensaft in ca. 10 Minuten gar dünsten.

Den Speck fein würfeln und ohne Fettzugabe in einer beschichteten Pfanne ausbraten. Die Zwiebeln schälen, fein würfeln, zum Speck geben und im Bratfett glasig braten.

Die Kartoffeln abgießen und mit dem Kartoffelstampfer grob zerstampfen. Die Speck-Zwiebel-Mischung dazugeben und mit einem Schneebesen verrühren. Die Apfelspalten hinzugeben und mit Salz abschmecken.

Die Blutwurst in Scheiben schneiden und im verbliebenen Bratfett anbraten.

Die gebratenen Blutwurstscheiben auf der Kartoffel-Apfel-Masse anrichten.

1. Mit-ein-an-der es-sen, das kann schön sein, froh zu Ti-sche sit-zen, lie-ben wir. Ga-ben lasst uns tei-len und auch noch ver-wei-len, schön, dass wir zu-sam-men sind, schön, dass wir zu-sam-men sind.

2. Jesus gab ein Beispiel für uns alle, aß mit vielen Menschen brüderlich! Viele sind so einsam, wären gern gemeinsam, komm, wir schließen keinen aus, komm, wir schließen keinen aus.

3. Doch nicht zu vergessen, wenn wir essen, dafür auch zu danken, lehrte ER! Denn die guten Gaben könnten wir nicht haben, gäbe es nicht Gottes Kraft, gäbe es nicht Gottes Kraft.

4. Da wo Jesu Freunde heute leben, woll'n sie nicht vergessen Christ, den Herrn. Bleibt lebendig immer, man vergisst ihn nimmer; Tischgemeinschaft hält man gern, Tischgemeinschaft hält man gern.

Text und Melodie: Wolfgang Longardt
© Abakus-Verlag Barbara Fietz, Greifenstein

10. Mensch und Mitgeschöpf

Von barbarischen Esskulturen, der familiären Beziehung zu den Tieren und Gebeten beim Schlachten und Schächten

„Der Mensch ist ein Barbar von Natur, / er achtet nicht im mindesten die Nebenkreatur, / tut sieden sie und braten, / verspeist sie mit Salaten, / schütt't Wein oben drauf aus güldnem Gefäß / und nennt das gelehrt – Ernährungsprozess!"

Viktor von Scheffel legte diese kulturpessimistischen Worte 1857 einer Gans in den Schnabel, die am 11. November bei einem großen Festschmaus verzehrt wurde. Selbstverständlich nicht sie allein; die Zahl der Gänse, denen zum Martinstag oder vor Weihnachten der Kragen umgedreht wird, ist kaum zählbar und anderen Tieren geht es zu anderen Festen nicht anders. So war zu lesen, dass in Österreich alljährlich nur zu Osterschinken allein das Fleisch von hunderttausend Schweinen verarbeitet wird. Das Fest der Auferstehung wird also mit millionenfachem Tod von Tieren gefeiert. Kann man, darf man Jesus von Nazaret, diesen friedliebenden und sanften Galiläer, so feiern? Ist es denn in seinem Sinne, überhaupt Fleisch zu essen?

Jesus war nämlich ein Vegetarier! Das jedenfalls behauptet die Tierrechtsorganisation PETA, und auf ihrer Internetseite führt sie weiter aus: Die Botschaft Jesu ist eine Botschaft der Liebe und des Mitgefühls; KZ-artige Tierhaltung, wo abermillionen Tiere ein grausames Dasein fristen müssen, und Schlachthöfe, wo sie einen fabrikmäßigen Tod finden, sind jedoch alles andere als ein Ausdruck der Liebe und des Mitgefühls. Jesus forderte Güte, Barmherzigkeit, Mitgefühl und Liebe allen Kreaturen Gottes gegenüber. Er wäre über das Leid, das wir Tieren nur unserer anerzogenen Essgewohnheiten wegen zufügen, erschüttert.

Das ist, so mag man einwenden, zweifellos richtig, doch es besagt noch nichts über die Essgewohnheiten Jesu selbst. Zwar wird tatsächlich nirgendwo berichtet, wie er Fleisch oder Fisch aß, doch er wird sich kaum davon enthalten, es seinen Jüngern und den Menschen, die ihn hörten, aber angeboten haben. Oder dass er danach fragen ließ, wo er das Paschalamm mit seinen Jüngern essen könne (Lukas 22,11), es aber dann nicht angerührt haben soll. Dass Jesus Vegetarier war, ist also wohl unwahrscheinlich, letztlich aber auch nicht entscheidend. Dagegen bleibt sehr wohl die Frage wichtig, wie wir im Geiste Jesu unsere Essgewohnheiten überdenken müssen, um seinem Evangelium gemäß zu leben und uns auch zu ernähren – auch hinsichtlich der Tiere als unserer Mitgeschöpfe. Dieses Anliegen der Organisation PETA ist daher sehr berechtigt und ernst, auch wenn das beigefügte Bild eines Nazarener-Jesus mit Orangenscheibe als Heiligenschein eher schmunzeln lässt.

Neue Freiheit des Christentums

Was aß man denn überhaupt zu Jesu Zeit? Wie war es um den Fleischkonsum bestellt? Aus verschiedenen außerbiblischen und biblischen Berichten, auch aus den Gleichnissen Jesu, wissen wir, dass Fleisch und Fisch – Letzterer zumal in einer Gemeinschaft von Fischern – selbstverständlich waren. Fleisch allerdings wohl eher zu besonderen Gelegenheiten und vor allem nicht in der Masse, wie sie bei uns heute auf den Tisch kommt. Die junge Christengemeinde hielt zunächst an der überkommenen jüdischen Art auch des Fleischverzehrs fest – dies wurde sogar auf dem sogenannten Apostelkonzil in Jerusalem behandelt; hier ging es nämlich auch um die Frage, ob diejenigen Christen, welche nicht aus dem Judentum zum Glauben kamen, die jüdischen Regelungen bezüglich des Essens beachten sollen. Man wollte ihnen aber keine Lasten aufbürden und hielt sie daher lediglich an, Fleisch, das aus heidnischem Götzenopfer stammt, sowie nicht geschächtetes Fleisch („im Blut Ersticktes") zu meiden, um damit ein ungestörtes Verhältnis im Zusammenleben der verschiedenen Glaubensgruppen jeweils vor Ort zu gewährleisten (Apostelgeschichte 15,19f.). Diesen eher moderaten Ansatz vertritt auch der Völkerapostel Paulus; für ihn gibt es kein grundsätzliches Problem, sogar Götzenopferfleisch zu essen, sofern er zu Gott die Danksagung da-

> *Herr, sei gelobt durch Mutter Erde, die uns ernährt, erhält und Früchte trägt. Was sie uns schenkt, ist deiner Liebe Bild.*
>
> *Tischgebet nach dem Sonnengesang des hl. Franz von Assisi*

rüber spricht. Doch um der Schwachen in der Gemeinde willen, die daran Anstoß nehmen könnten, verzichtet er auch darauf (1. Korinther 8,7-13). Warum ihm das keine Probleme bereitet, erklärt Paulus – oder zumindest der in seinem Namen schreibende Autor – an anderer Stelle, wo er auf bestimmte Lehren und Einstellungen zu sprechen kommt, die den Verzicht auf bestimmte Speisen fordern, „die Gott doch dazu geschaffen hat, dass die, die zum Glauben und zur Erkenntnis der Wahrheit gelangt sind, sie mit Danksagung zu sich nehmen. Denn alles, was Gott geschaffen hat, ist gut und nichts ist verwerflich, wenn es mit Dank genossen wird; es wird geheiligt durch Gottes Wort und durch das Gebet" (1. Timotheus 4,1-5).

Achtsamkeit in der Gemeinschaft

Das Gebet über alles, was Gott geschaffen hat: Damit sind eben nicht nur Brot und Wein und die Früchte der Erde gemeint, sondern auch Fleisch und tierische Produkte. Das ist eine heikle Aussage, weil man sie verkürzen kann zu: Wer das Tischgebet nicht vergisst, kann Tiere töten und essen, soviel er will. Das will aber diese Stelle im Timotheusbrief gar nicht suggerieren. Vielmehr bringt das Gebet alles Geschaffene und alle Geschöpfe in eine Beziehung zu Gott, versteht sie als Mitgeschöpfe, damit also auch in einer Beziehung zu uns stehend und keineswegs nur als Ware oder Produkt (im Judentum gibt es keinen eigenen Lobspruch über Fleisch; es wird vielmehr Gott gepriesen, „durch dessen Wort alles entstand"). Es ist, wenn man so will, auch ein Moment der Achtsamkeit der Schöpfung gegenüber, auch dem Tier als Mitgeschöpf. Die Menschen früher waren sich mehr als wir dieser Zusammengehörigkeit bewusst und brachten sie auch zum Ausdruck – durch Rituale und Gebete. Tiere als Mitgeschöpfe waren ja nicht selten auch Mitbewohner in Haus und Hof. Als Ausdruck dieser Solidarität zwischen Mensch und Tier lassen sich nicht nur die regelmäßigen Gebete und Segnungen des Viehs nennen, sondern auch die Bräuche, den Haustieren die Feste anzukündigen und das Vieh zu beschenken, ihm etwa an Weihnachten (oder den anderen Raunächten) eine „Maulgabe" zu bringen. So sehr sah man sich noch im Mittelalter als eine Gemeinschaft der Geschöpfe, dass in besonderen Fällen von Plagen und Seuchen, die durch Tiere verursacht wurden, diese sogar exkommuniziert, also aus der Gemeinschaft ausgeschlossen wurden.

Es wundert daher nicht, dass sogar der Vorgang des Tötens von Tieren in manchen Kulturen und Religionen von einem Gebet begleitet wurde – und bisweilen auch noch wird. „Ein Gebet aus Respekt vor dem Schlachttier" titelte 2008 die Tageszeitung „Aachener Nachrichten" und berichtete in einem Artikel über den muslimischen Inhaber einer Metzgerei, der nach islamischem Brauch die Tiere schächtet. Er sagte der Zeitung: Bevor er ein Tier schächte, spreche er ein Gebet. Er habe im Laufe der Jahre schon viele Tiere geschächtet und dabei folgende Feststellung gemacht: „Nach dem Gebet ist es so, als würde mir das Tier seine Zustimmung geben, es verhält sich ganz ruhig und weicht nicht vor mir zurück." Auch im Judentum gibt es das Gebet beim Schächten.

Und es gibt nicht nur ein Gebet vor dem Töten; mitunter werden die Tiere sogar um Verzeihung gebeten, dass man sie um unserer Nahrung willen tötet. Josef Griesbeck überliefert in seinem Büchlein „Das Brot ist uns geschenkt" das Gebet des Indianerjungen „Bright sky": „Ich sage dir Dank, Geschöpf, das ich getötet habe. Es tut mir leid, aber ich bin so hungrig. Ich musste es tun. Ich verspreche dir, nichts zu verschwenden: weder dein

Fell noch dein Geweih noch dein Fleisch. Und nun will ich dem Schöpfer danken, der alle Tiere und alle Pflanzen auf Erden erschaffen hat."

Warum vegetarisch?
Die Gründe, sich vegetarisch zu ernähren, sind unterschiedlich. Geschmackliche Abneigungen gegenüber Fleisch mögen ebenso eine Rolle spielen wie gesundheitliche Gründe oder ökologische und soziale. Vor allem Letztere werden ja zunehmend ins Feld geführt. Denn bei der Umwandlung von pflanzlicher Nahrung in tierisches Fleisch übersteigt die Energie, die man dazu benötigt (sprich Futter), das Ergebnis an konsumierbarem Fleisch um ein Vielfaches. Nicht sehr effizient. Und hinzu kommt noch: „Die Erzeugung von geeignetem Viehfutter, die Aufzucht der Tiere, der Verbrauch an Umwelt durch Auslaugung der Böden, die Belastung des Wassers mit Exkrementen, die Abgabe von Methan und anderen Gasen an die Luft sowie der Verzehr des hochwertigen Fleisches exekutieren und reproduzieren exakt die internationale Arbeitsteilung zwischen armen und reichen Ländern" (Konrad Hilpert). Die Forderung nach Reduzierung des Fleischkonsums und Rückkehr zum Sonntagsbraten (anstelle der täglichen Fleischmahlzeit), wie sie neuerdings vor dem Hintergrund des Klimawandels (Stichwort: Treibhauseffekt durch Methan produzierende Rinder) vom Bundesumweltamt erhoben wird, ist durchaus berechtigt, nicht nur aus diesem Grund: Fleisch ist bei uns zu einer Massenware, zum Ramschartikel und Lockangebot verkommen, manchmal ist Tiernahrung im Supermarkt teurer als ein Filet. Das geht nur, wenn man, wie es der Schriftsteller und Journalist Axel Hacke in seinem Buch „Deutschlandalbum" beschreibt, „Tiere in Massen und unter grausamen Bedingungen hält, Schweine auf Spaltenböden unmittelbar über der eigenen stinkenden Gülle und Puten in riesigen Ställen, in denen die Hälfte der Tiere nur noch liegen kann, auf den eigenen kahlen Brüsten sich wie auf Schlitten zur Tränke schiebend. Das geht nur, wenn man das Töten zu einer Akkordarbeit im Verborgenen macht, zu einer entseelten Maloche, von der die Menschen, die das Produkt verzehren, nichts wissen und nichts wissen wollen und eigentlich auch nichts wissen dürfen. Weil sie vor lauter Ekel nämlich nichts mehr kaufen würden."

Eigentlich müssten Christen sich dem verweigern. Denn wenn man um die problematischen Zusammenhänge in der Produktion von immer billigeren Fleisch- und Wurstwaren, aber auch überhaupt in der Herstellung von Lebensmitteln und ihrem Import weiß, gerät auch das Gebet darüber zur bloßen Formel und die reich geschmückten Erntedank-Altäre im Oktober zum reinen Folklorismus, wie auch der Soziologe Rainer Brüggemann schrieb:

„Christen können sich bei Erntedankgottesdiensten (und im Grunde auch bei Tischgebeten) sinnvollerweise nur für solche Nahrungsmittel bedanken, die einerseits die Hersteller nicht gefährden und andererseits die Verbraucher mit den lebensnotwendigen Nahrungsinhaltsstoffen zur Entwicklung der körperlichen und geistigen Lebensfähigkeit versorgen und zur Gesunderhaltung durch Ausbildung von Abwehrkräften beitragen."

Doch bei der von der Organisation PETA mit Jesus in Verbindung gebrachten Argumentation geht es weniger um eine ökologisch-soziale, sondern um eine moralische Frage: Dürfen wir unsere Mitgeschöpfe töten und essen? Müssten wir nicht aus Ehrfurcht vor der Schöpfung oder zumindest aus Mitleid angesichts grausamer Tierhaltung alle Vegetarier werden?

Müssten Christen Vegetarier werden?

Es sind zwei verschiedene Fragen, die hier gestellt sind. Der Arzt von Lambarene, Albert Schweitzer (1875–1965), vertrat etwa die Notwendigkeit des Vegetarismus aufgrund der Tatsache, dass auch Tiere genauso wie Menschen Lebewesen sind und das Leben als solches heilig ist. Jede Tötung eines Tieres ist ebenso Tötung eines unschuldigen Lebewesens wie die eines Menschen, wie es in einer buddhistischen Schrift heißt: „Fleisch zu essen bedeutet stets, dass man das Fleisch von Lebewesen isst, deren Wesenskern mit der eigenen Person identisch ist. Fleisch essen bedeutet, sein eigenes Fleisch zu essen" (Angulimaliya-sutra). Eine andere Sache aber ist die der Tierhaltung und die Art des Tötens; in dieser Position geht es nicht um grundsätzliche Ablehnung fleischlicher Produkte, sondern „nur" solcher, die von Tieren stammen, die nicht artgerecht gehalten, achtsam transportiert und weitgehend schmerzfrei getötet wurden. Die jeweiligen philosophischen Hintergründe der beiden Richtungen aufzuzeigen würde hier zu weit führen.

Die generelle Ablehnung fleischlicher Nahrung aber lässt sich kaum mit der Praxis Jesu begründen – wie es überhaupt in keiner der großen Weltreligionen eine Aufforderung an die normalen Gläubigen gibt (also besondere Gruppen wie Mönche einmal ausgenommen), sich grundsätzlich des Fleisches zu enthalten, auch nicht – entgegen manch landläufiger Meinung – im Hinduismus und Buddhismus. Dessen ungeachtet verdient die Einstellung der Liebe zum Mitgeschöpf, die sich in der Enthaltung von fleischlichen Speisen ausdrückt, höchsten Respekt. Es ist auch ein Zeichen des Protestes gegenüber einer Einstellung, dass sich der Mensch alles nehmen könne, was und wie er es wolle. Vielmehr gilt

> *Das Nichtverletzen aller Wesen ist das höchste Gebot.*
> Manusmriti 6,12

es, die Natur vor der Ausbeutung durch den Menschen zu schützen, gegenüber Tieren als Mitgeschöpfen mehr Achtung aufzubringen, anstatt sie nur noch als fleischliche Ware zu sehen.

In diesem Zusammenhang lassen sich auch die jüdischen Koscher-Bestimmungen (Kaschrut) verstehen; sie fordern zu einer Nachdenklichkeit auf. Sie setzen den Esser stärker in Beziehung – zu Gott wie zu den Geschöpfen. Christen sind Speisegeboten wie der Kaschrut nicht mehr unterworfen, doch lässt sich von diesen etwas lernen für eine Art des Essens und des Umgangs mit Nahrungsmitteln, die von Respekt und Achtsamkeit dem Schöpfer, seiner Schöpfung und uns als seinen Geschöpfen gegenüber getragen ist. Hier spielen weniger rechtliche Kriterien (Fastengebote) als vielmehr ethische Aspekte eine Rolle. Wenn gesagt wird: Christsein heißt miteinander essen, so lässt sich danach fragen: Was heißt christlich essen *konkret*? Was macht – außer dem Gedanken der Gemeinschaftlichkeit – bei Christen das Andere, Besondere oder auch Eigentümliche des Essens und Trinkens gegenüber anderen Religionen aus?

Es stünde dabei vor allem den Kirchen und Gemeinden gut an, diesen Aspekt der Achtsamkeit immer wieder darzustellen und zu fördern, vor allem aber auch vorzuleben: in der Auswahl der Speisen bei gemeindlichen Veranstaltungen oder in kirchlichen Häusern – Bildungshäusern, Seminaren, Klöstern. Die Art christlichen Essens darf sich nicht nur auf die Gemeinschaft beim Essen beziehen, sondern muss auch die Art und die Auswahl des Essens in den Blick nehmen. Vegetarisches Leben und Essen ist eine Form dieser Achtsamkeit – aber auch derjenige, der Fleisch isst, kann durch seine Art des Einkaufs achtsam mit der Schöpfung umgehen. Vielleicht lässt sich dabei Maß nehmen an einem, der bis heute weit über Konfessionen und Kirchen hinweg in diesem Zusammenhang geschätzt wird und dessen Gedenktag am 4. Oktober sinnigerweise immer in der Nähe des Erntedankfestes steht: dem heiligen Franziskus.

War Franz von Assisi Vegetarier? Es gibt nicht wenige Menschen oder Gruppen, die das behaupten und mit Legenden aus seinem Leben belegen: Wie er etwa einer Marktfrau Fische abkaufte und dann die „Schwester Schleie" wieder ins Wasser, in die Freiheit setzte. Nun, auch bei ihm wird der historische Befund eher mit Nein auf diese Frage antworten müssen. Aber lernen können wir von ihm und seiner Nähe zu allen Geschöpfen allemal. „Seine Liebe zu den Geschöpfen Gottes lässt sich schwer beschreiben", sagt schon sein erster Biograf Thomas von Celano (um 1190 – 1260). „Mit innerstem Glück betrachtete er in Tieren und Pflanzen die Weisheit, die Macht und die Güte des Schöpfers." Franziskus war kein politischer Tierschützer und er aß nachweislich auch Fleisch. Doch er lebte eine geschwisterliche Nähe zu allen Geschöpfen, weil er Mensch und Tier als von Gott geschaffen und geliebt verstand. Pflanzen und Tiere sollen Gottes Zuwendung erfahren dürfen, da ihnen derselbe Lebensraum anvertraut ist und auch der Bund, den Gott nach der Sintflut mit Noah schloss, alle Lebewesen aus Fleisch und Blut einschließt (1. Mose 9,15), wie Niklaus Kuster schreibt: „Die ältesten Fresken zeigen einen Franziskus, der Vögel, Tiere und ‚alle Geschöpfe' im Sinn des Auferstandenen spüren lässt, dass wir eine gemeinsame Zukunft haben (Markus 16,15)."

Großer Gott,
gib uns ein hörendes Herz,

damit wir von deiner Schöpfung
nicht mehr nehmen,
als wir geben,

damit wir nicht willkürlich zerstören,
nur um unserer Habgier willen.

Damit wir uns nicht weigern,
ihre Schönheit mit den Händen zu erneuern,

damit wir nichts von der Erde nehmen,
was wir nicht wirklich brauchen.

Indianisches Gebet

Kürbissuppe

500 g Hokkaido-Kürbis
2 große Kartoffeln, mehlig kochend
1 Zwiebel
2 EL Butter
1,2 l Gemüsebrühe
Salz
Pfeffer
100 ml Sahne
2 EL Kürbiskerne
Kürbiskernöl

Kürbis waschen, entkernen und in kleine Stücke schneiden. Kartoffeln und Zwiebel schälen und fein würfeln. Die Butter erhitzen, Zwiebeln und Kürbis darin andünsten, die Kartoffeln dazugeben und mit der Brühe auffüllen. Mit Salz und Pfeffer würzen und die Suppe bei milder Hitze zugedeckt ca. 25 Minuten kochen. Die Suppe mit dem Schneidstab pürieren, die Sahne hinzugeben und nochmals mit Salz abschmecken.

Die Kürbiskerne in einer Pfanne ohne Fettzugabe anrösten. Die Suppe in Teller verteilen, mit den Kürbiskernen bestreuen und mit Kürbiskernöl beträufeln.

11. Küche und Katechese

Von Sankt Martin und anderen Heiligen, Predigten mit dem Kochlöffel und kulinarischen Glaubenszeichen im Alltag

In seinem „Weltbuch" von 1534 kommt der Humanist und Chronist Sebastian Franck auch auf einen alten kulinarischen Brauch der Katholiken zu sprechen, den sie im November pflegen: „Erstlich loben sy Sanct Martin mit guotem wein, genßen, bis sie voll werden. Unselig ist das Haus, das nit auff deß Nacht ein ganß zu essen hat." Er hat sich bis heute gehalten, allerdings längst nicht mehr katholisch begrenzt: Spätestens Anfang November offerieren die meisten Restaurants eine Martinsgans und auch privat kommt sie in vielen Häusern rund um den 11. November ganz oder in Teilen auf den Tisch. Die Gans gehört zu Martin wie der Stiefel zu Nikolaus oder der Hase zu Ostern. Dabei kommt sie in der Lebensbeschreibung des heiligen Bischofs aus Tours, die kurz nach seinem Tod im Jahr 397 von Sulpicius Severus verfasst wurde, gar nicht vor. Erst spätere Legenden schmücken mit der Erzählung, dass sich Martin vor der Bischofswahl in einem Gänsestall verborgen gehalten habe und von den Gänsen verraten worden sei, die Darstellung der Bescheidenheit des Mannes aus, der tatsächlich mit „sanfter Gewalt" zum Bischofsamt gedrängt wurde, weil er es für sich überhaupt nicht vorgesehen hatte.

Das Festmahl an diesem Tag hat verschiedene Gründe; vor allem hat dazu beigetragen, dass mit dem Martinstag ursprünglich die alte 56 Tage (acht Wochen) umfassende Fastenzeit vor Epiphanias (6. Januar) begonnen wurde und man sich vorher noch einmal richtig satt aß. Möglicherweise waren es gelehrte Mönche, die das Gansessen mit der Bischofswahl Martins und jenen Gänsen kombinierten, die einst das römische Kapitol durch ihr Schnattern retteten.

Martin ist nicht der einzige Heilige, dessen Gedächtnis in einem Essen und Trinken (mit dem Martinstag hat sich auch eine Weinsegnung und -verkostung verbunden, „Martiniloben" in Österreich genannt) begangen wird, aber sicherlich der markanteste. Hinter diesem Brauch steckt ein ganz alter und guter religiöser Gedanke: Das Gedächtnis an Gottes wunderbares Handeln – auch in den Menschen, die wir „heilig" nennen – wird nicht nur im Gottesdienst begangen, sondern findet auch eine Fortsetzung auf dem häuslichen Tisch. Vom heiligen Essen zum Heiligen-Essen gewissermaßen. Eindrucksvollster Beleg dafür ist bis heute das jüdische Paschamahl, in dem die einzelnen Speisen auf dem Tisch des sogenannten Sederabends an die Gefangenschaft der Israeliten in Ägypten erinnern und an die wunderbare Befreiung daraus. Dieses Paschamahl hat auch die Deutung des Todes Jesu beeinflusst, der ja in unmittelbarer zeitlicher Nähe des Paschafestes starb; als geschlachtetes Paschalamm wird er bereits von Paulus bezeichnet (1. Korinther 5,7) – und bis heute will das Osterlamm (ob aus Biskuitteig oder

Fleisch) auch beim Essen daran erinnern. Beim genannten jüdischen Pascha- oder Sedermahl (das so heißt, weil es nach einer festgelegten Ordnung, Seder, abläuft) wird nach der Besonderheit der Speisen vom jüngsten Mahlteilnehmer sogar gefragt; darauf wird mit der Pascha-Haggadah geantwortet, einer Erzählung dieses wunderbaren Auszugs aus Ägypten. Eine Katechese, die gewissermaßen aus der Küche kommt.

Lasset euch ropfen ...
Auch die Martinsgans diente der katechetischen Unterweisung; in einem alten Martinslied wird sogar – ähnlich den Fragen beim Paschamahl – von einem Solisten gesungen: „Was haben denn die Gäns getan, dass so viel müssen's Leben lan?" Darauf antwortet der Chor: „Die Gäns mit ihrem Dadern, mit ihrem Gschrei und Schnadern, Sankt Martin han verraten, darum tut man sie braten, da da da, da, da, da ..." Ist diese „Katechese" auch als (musikalischer) Spaß gedacht, so waren die barocken Predigten, die sich mit der Gans beschäftigten, durchaus ernst gemeint, auch wenn sie uns heute eher erheitern. Von dem bayerischen Barockprediger Archangelus a Sancto Georgio gibt es eine gedruckte Predigt, die überschrieben ist: „Die freiwillig geropfte Martinsgans. Das ist: Lob- und Ehrenred am Fest des wundertätigen heiligen Bischofens und Beichtigers Martini." Er beklagt darin zunächst das äußere Treiben, wonach mancher vermeinte, er hätte an diesem Tag nicht Sankt Martin gefeiert, wenn er nicht etliche Pfund Gänsefleisch in seinem Magen vergraben und diese mit anderen etlichen Kanten Wein und Bier eingeweicht hätte. Dabei könne die Gans doch allerlei lehren. Und so fragt er danach, welches denn wohl das Beste an der Gans sei? Etwa der Kopf, der Schnabel, die Flügel, der Magen oder Kragen? Oder das Fleisch, die Federn und das Schmalz? Nein, das alles nicht. Wie das Beste am Salat das Biegen ist (denn ohne das Biegen könne man den Salat nicht in den Mund bringen), so ist das Beste an der Gans – das Rupfen der Federn:

„Wann sich die Gans nicht ropfen ließ, so kunnt's man weder sieden noch braten, viel weniger genießen. Wer wollt eine ungeropfte Gans essen? Er müsst ja an den Federn ersticken. Also ist das Beste an der Gans das Ropfen. So ist die Gans ein Zeichen und Sinnbild der christlichen Lieb, Freigebigkeit und Barmherzigkeit, welche Jesus Christus von uns erfordert, sprechend: *Quod superest, date Eleemosynam* [Was übrig ist, gebt als Almosen]. Liebe Christen, habt ihr überflüssige Federn, so lasset euch ropfen, habt ihr was übrig von zeitlichen Gütern, so gebt's Almosen. Das Beste an der Gans ist, dass sie sich ropfen lasst, das Beste an einem Christenmenschen, dass er gegen seinen Nebenmenschen, absonderlich gegen den Armen und Bedürftigen, freigebig, gütig und barmherzig sei."

Freigebig, gütig und barmherzig gegen Bedürftige: Das Vorbild des Heiligen, in seiner Mantelteilung ganz offensichtlich, führte am Martinstag auch dazu, mit anderen das Essen zu teilen, den Armen zu geben, die nicht die Möglichkeit eines Festessens hatten. Heischegänge entstanden, bei denen man unter Absingen eines Liedes vor den Türen der Wohlhabenderen um eine Gabe vom Tisch oder auch nur um Brennmaterial heischte. In einem Bericht aus dem 16. Jahrhundert heißt es: „Hieronymus und Hermann freuten sich auf das Fest des heiligen Martin. Am Vorabend um acht Uhr, wenn die Schüsseln von der Mahlzeit abgetragen werden, gehen sie singend von Haus zu Haus und erhalten alles, was vom Tisch übrigbleibt. Hieronymus hat sich im vorigen Jahr an diesem Abend für acht Tage versorgt …"

Brot und Rosen
Freigebig, gütig und barmherzig gegen Bedürftige: Das trifft in besonderer Weise auch auf eine Frau zu, deren Gedächtnis eine Woche nach dem Martins begangen wird, Elisabeth von Thüringen (1207–1231), die Landgräfin, deren kurzes Leben voller intensiver Hingabe bis heute die Menschen fasziniert. Als ihr Mann Ludwig, mit dem sie schon im Alter von 13 Jahren vermählt wurde, 1226 für mehrere Monate in Italien weilte, trug sie, die eben Neunzehnjährige, die Verantwortung der Regierung. In diese Zeit fiel eine Hungersnot, die sich seit mehreren Jahren, von Frankreich herkommend, ankündigte. Elisabeth „verteilte die ganze Jahresernte aus den Kornkammern Ludwigs als Almosen an die Armen, gab aber der großen Menge täglich nur so viel, wie zur Abwendung der Not erforderlich war. Und wie wenig sie auch gab, durch das Walten der göttlichen Vorsehung genügte es dem Empfänger für den jeweiligen Tag". Sie organisierte nicht nur, sie selbst trug Brot und Getränke vom Burgberg nach unten, pflegte die Kranken, versorgte die Kinder – ein Vorgeschmack auf das, was sie nach dem Tod ihres Mannes und der Vertreibung von der Wartburg in ihrem eigenen Hospital in Marburg tun sollte. Die fürstliche Dame, die den zu ihren Füßen kauernden Armen und Leidenden Speise und Trank gibt, hat den Typus der Elisabeth-Darstellungen auch am nachhaltigsten geprägt und die Legende vom Rosenwunder hält den Sinn dieses Bildes bis heute fest: Als sie dabei überrascht wurde, wie sie gegen den Willen ihres Gatten in einem Korb Brot zu den Armen trug, verwandelte dieses sich in Rosen.

Heiligenlegende in Backform
Manche Bäckereien bieten inzwischen Elisabethbrot (mit dem Bild einer Rose darauf) an und lassen den Erlös Notleidenden zukom-

men. So lebt das soziale Engagement der Heiligen auch im Brotbrauch fort. Und nicht nur ihres: Am 15. März werden in Kirchen Wiens kleine Brote gesegnet, die sogenannten Klemensweckerln. Sie erinnern an den Seelsorger und gelernten Bäcker Klemens Maria Hofbauer (1751–1820), den „Apostel Wiens und Warschaus", dessen Einsatz für die verarmten Kinder so weit ging, dass er für sie bei den Wohlhabenden bettelte oder Reste von Mahlzeiten, die er bei diesen einnahm, für sie mitbrachte.

Die „Weckmänner" oder „Stutenkerle", wie man sie im Norden Deutschlands nennt, Hefe-Männer mit einer Pfeife im Arm, sollen nicht nur am Martinstag an den wohltätigen Bischof aus Tours erinnern, sondern am 6. Dezember auch an dessen nicht minder barmherzigen Kollegen Nikolaus von Myra (die Pfeife stellte ursprünglich einen Bischofsstab dar). Die Publizistin Petra Altmann führt in ihrem Buch „Backen in der Klostertradition" darüber hinaus zahlreiche andere besondere Brote an Heiligentagen auf: das Antoniusbrot, das auf ein Wunder des Heiligen aus Padua zurückgeht und bis heute in Italien Synonym für Armenspeisung ist; das Agathabrot, dessen Segnung am 5. Februar sich bis heute in katholischen Kirchen erhalten hat, das Laurenzibrot, das früher am 10. August an die Bedürftigen verteilt wurde.

Wer meint, dass dies nur katholische Bräuche sind, der sei auf das „Reformationsbrot" verwiesen, das manche Bäckereien Ende Oktober anbieten, oder auch auf das „Lutherbrot" zum Gedenken an den Geburtstag des Reformators am 10. November, auf Brötchen in Form der Lutherrose – und auf das „Melanchthon-Brot", das „nach alter Rezeptur" in Bretten, dem Geburtsort des Reformators, in Bäckereien angeboten wird.

Kulinarisch durch das Kirchenjahr

Manche(r) fühlt sich dabei vielleicht an „Benedikt-Bier" und „Benedikt-Brot" erinnert, mit dem man nicht nur an seinem Geburtsort am Inn den Papst aus Deutschland kulinarisch „vermarktlt" – aber in einem recht verstanden Sinn geht es bei den Speisen an bestimmten kirchlichen Tagen um eine Vermittlung religiöser Feier-Inhalte in den Alltag der Menschen hinein. So gibt es etliche – auch neuere – Kochbücher, die ganz bewusst den verschiedenen kirchlichen Festen und Zeiten nachgehen und die Menschen kulinarisch durch das Kirchenjahr begleiten. Angefangen vom Advent im Dezember bis zum Buß- und Bettag im November werden Rezepte aufgeführt und Gerichte vorgeschlagen, bisweilen auch Hintergründe des jeweiligen Festes, der Personen oder der Zeit genannt und erklärt. Manchmal sind die Zusammenhänge gesucht oder beruhen auf volksetymologischen Erschließungen, wie etwa der Spinat

oder Salat, den es am Gründonnerstag gibt (wobei der Name des Tages die grüne Speise nach sich zog und nicht umgekehrt, wie auch zu lesen ist), oder „fliegendes Fleisch" (Tauben) an Christi Himmelfahrt (die freilich auch zum Pfingstfest passten, das aber traditionell meist dem Spargel vorbehalten ist). Man braucht hier nicht nur die Tradition zu bemühen, sondern darf auch ruhig erfinderisch sein; so finden sich auch Vorschläge und Rezepte (und ihre Begründungen) zu einem Bibelkuchen am Bibelsonntag oder einem einfachen Bärlauch-Brennnessel-Gratin am Tag Josefs, des Arbeiters (1. Mai), oder Kirchweihnudeln zum Kirchenpatrozinium und viele andere mehr. Manchmal geben die Feste aber auch leider nur noch den äußeren Anlass zu einem handfesten Essen wie der Hubertustag, der auch gern von den Restaurants mit Wildgerichten begangen wird. Und der „St. Patrick's Day", der meist in die Fastenzeit fällt, wird in vielen Pubs und Kneipen feucht-fröhlich und längst nicht nur von Katholiken begangen – ob im Sinne des bußstarken Heiligen, sei dahingestellt.

Auch im Judentum haben die Feiertage ihre Spuren in der Küche hinterlassen; neben dem Paschafest ist dies am ausgeprägtesten sicherlich am Sabbat der Fall. Das Verbot des Feuermachens an diesem Tag führte zu einem Gericht, das bereits am Freitag aufgesetzt, aber erst am Samstagmittag nach dem Besuch des Synagogengottesdienstes serviert wird, das „Tscholent" oder „Schalet", eine Art Schmortopf, zu dem die verschiedenen jüdischen Gegenden ihre je eigenen Rezepte hervorgebracht haben. Es braucht die lange Garzeit, weil es so seine Aromen erst entwickelt und hervorbringt. Von einem großen deutschen jüdischen Dichter ist es sogar besungen worden; Heinrich Heine (1797–1856) dichtete in seinen Versen über die Prinzessin Schabbat frei nach der „Ode an die Freude": „Schalet, schöner Götterfunken, Tochter aus Elysium! Also klänge Schillers Hochlied, hätt' er Schalet je gekostet …" Und auch aus dem Tscholent/Schalet lassen sich geistliche Anregungen gewinnen: „Es ist so langsam wie der Schabbat", stellt Lea Fleischmann in ihrem Buch „Heiliges Essen" fest. Die Vorbereitungen dieses Essens sind somit eine gute Einübung in die Feier dieses Tages, der das Alltagsleben entschleunigen und ein Abbild der Ruhe Gottes sein will.

„Katechese in der Küche" heißt ein wohl leider schon vergriffenes Büchlein von Irene Mieth. Es schildert, wie Eltern gewissermaßen beiläufig, im Alltag eine Beziehung herstellen können zwischen dem Wirken Gottes und den kleinen und großen Ereignissen dieser Welt. Auch und gerade beim Kochen und Tischdecken, beim Essen und Trinken. Denn das Erinnern an Gottes Wirken muss und darf sich nicht auf die Kirche und die eine Stunde Gottesdienst in der Woche beschränken. Es kann und soll eine Fortführung erfahren auch am Tisch – im Kosten und Schmecken der Wohltaten Gottes wie beim Sabbat oder am Paschafest – aber auch im Weitergeben und Teilen seiner Güte, die uns seine Heiligen erfahrbar gemacht haben, wie am Martins- oder Elisabethtag.

Jetzt ist die Zeit,
jetzt ist die Stunde,
heute wird getan
oder auch vertan,
worauf es ankommt,
wenn ER kommt.

Der Herr wird nicht fragen:
Was hast du gespeist,
was hast du Gutes getrunken?
Seine Frage wird lauten:
Was hast du geteilt,
wen hast du genährt
um meinetwillen?

T. Alois Albrecht

Tscholent / Schalet

450 g weiße Bohnen
4 Zwiebeln
4 Knoblauchzehen
15 mittelgroße Kartoffeln
1,4 kg Rindfleisch, Keule, Brust oder Schulter
2 EL Öl
250 g Gerstengraupen
Salz
Pfeffer
Thymian, getrocknet
Paprikapulver
2 Lorbeerblätter
2 EL Zucker

Die Bohnen mindestens 8 Stunden in kaltem Wasser einweichen. Zwiebeln und Knoblauch schälen und in Streifen schneiden. Die Kartoffeln schälen, waschen und halbieren. Das Rindfleisch in grobe Würfel schneiden.

In einem Bräter mit fest schließendem Deckel das Öl erhitzen und Zwiebeln und Knoblauch hellbraun braten, herausnehmen. Das Fleisch im Bräter portionsweise anbraten, bis es gut gebräunt ist. Das Fleisch herausnehmen.

Zwiebeln und Knoblauch gleichmäßig im Bräter verteilen, die abgetropften Bohnen darauf geben. Abwechselnd Fleisch, Graupen und Kartoffeln einschichten, jede Lage mit Salz, Pfeffer, Thymian und Paprikapulver würzen. Die Lorbeerblätter dazugeben.

Den Zucker in einem Topf goldgelb karamellisieren lassen und mit 50 ml Wasser ablöschen. Vorsicht, spritzt leicht! Den Karamell über den Eintopf gießen.

So viel Wasser hinzufügen, dass Fleisch und Gemüse gerade bedeckt sind. Bei starker Hitze aufkochen und abschäumen. Den Bräter verschließen und bei ca. 100 Grad im Ofen etwa 10 Stunden schmoren. Darauf achten, dass der Eintopf nicht anbrennt, gegebenenfalls noch etwas Wasser hinzufügen. Nach Ende der Garzeit soll der Eintopf fast trocken sein. Ist er noch sehr flüssig, den Deckel abnehmen und noch ca. 1 Stunde offen garen.

12. Gesundheit und Heil

Von dem, was uns krank macht, von un-heilen Situationen, besonderen Kräutern und dem Heiland im Lebkuchen

„In der Weihnachtsbäckerei gibt es manche Leckerei …" Nicht nur Knilche, auch Väter und Mütter kommen bei diesem noch jungen Lied in Bewegung, kneten, rühren und formen zusammen in der häuslichen Weihnachtsbäckerei, die so sprichwörtlich geworden ist, dass Rolf Zuckowski ihr ein eigenes Lied gewidmet hat. Genau genommen ist sie allerdings eher eine Adventsbäckerei, denn sie findet ja schon in den Wochen vor Weihnachten statt: Mancher Teig muss etliche Zeit ruhen, ehe man ihn verarbeiten kann, einige Gebäckarten wiederum müssen „ziehen", bis sie richtig genießbar sind. Auf jeden Fall aber wird das große Fest damit vorbereitet und durch „Waschkörbe voll Plätzchen", die dann im Idealfall zur Verfügung stehen, in seiner Pracht noch gesteigert. Weihnachten ohne Plätzchen, Kekse, Gutzle, Brötchen, Ausstecherle oder wie immer das Gebäck genannt wird, ist eigentlich nicht denkbar. Zur Weihnachtsbäckerei gehören auch die typisch scheinenden Gebäcke mit ihren früher teilweise sehr teuren Ingredienzien (zum Beispiel Pfeffer oder Zimt), die aus Übersee bezogen werden mussten und daher nur zu großen Festen verwendet wurden und diese dadurch auszeichneten. Die Pfefferkuchen und Zimtsterne, die Kokosmakronen und Vanillekipferl verweisen mit ihren Namen noch auf die Zutaten, die es früher beim „Kolonialwarenhändler" gab. Die Süße des Gebäcks wurde einst durch den Honig gewährleistet; auch die Honigkuchen, oft nur ein anderer Name für Leb- oder Pfefferkuchen, waren wegen dessen reicher Verwendung ein typisches Festtagsgebäck.

Apropos „Lebkuchen": Die Bedeutung dieses Namens ist nicht eindeutig geklärt. Nach manchen Deutungen stammt das Wort vom lateinischen „libum" ab, was soviel wie Fladen bedeutet. In der von Johann Georg Krünitz 1773 begründeten „Oekonomischen Encyklopädie" findet sich eine andere interessante Deutung: Hier wird die Bezeichnung vom sogenannten „Lebhonig" abgeleitet, was ein ausgepresster junger Honig ist; im Zusammenhang mit der alten Berufsbezeichnung der Imker, „Zeidler" oder „Zelter", entstand so der Ausdruck „Lebzelten" oder „Lebkuchen" und der „Lebzeltner" für dessen Hersteller.

Noch eine andere Deutung für die Bezeichnung „Lebkuchen" gab Otto Schlisske in seinem vielfach aufgelegten Büchlein „Äpfel, Nuss und Mandelkern – Was unsere Advents- und Weihnachtsbräuche eigentlich bedeuten". Er schreibt, dass das Wort „leb" aus dem Althochdeutschen stamme und soviel wie „Heil- und Arzneimittel" bedeute. „In den Klöstern hatte man Jahrhunderte hindurch besondere Gärten für Arzneimittel angelegt, und die hier gezüchteten Pflanzen oder die

Ein guter Koch ist ein guter Arzt.
Sprichwort

daraus gewonnenen Säfte wurden als Medizin bereitet und waren sehr begehrt. Aber im Gegensatz zu heute stellte man daraus keine Tabletten her, sondern die Heilkräuter und Heilsäfte wurden zu kleinem Gebäck verarbeitet. Da begann man für die Weihnachtszeit aus den besonders wohlschmeckenden Kräutern und Säften ein solches Heilgebäck, das heißt eben Lebkuchen, herzustellen. Diese Lebkuchen wurden zu Weihnachten in den Klöstern verteilt, und gar manches Mal wurde darüber gepredigt, dass diese dem Leibe Wohlbehagen und Gesundheit schenkenden Küchlein eindringlich machen sollten, dass das Weihnachtsgeschehen der ganzen Welt Gesundheit schenkt." Eine schöne, eine fromme Herleitung, die zwar etymologisch sehr fragwürdig ist, aber immerhin gut zum Christfest passt, an dem uns der „Heiland" geboren ist. „Heilvolle" Speisen wie Lebkuchen sind somit eine Art Gebildbrot, das die Heil bringende Geburt Jesu über die Liturgie hinaus dem Gaumen auch im Alltag vermitteln kann.

Himmlische Medizin

Immer wieder wurde Jesus Christus auch als Heiler, als Arzt bezeichnet und das Sakrament der Eucharistie als Arznei: Arznei für die Unsterblichkeit oder auch für Leib und Seele, wie etwa Martin Luther bezüglich des Abendmahls schreibt. Nicht nur der Kommunionempfang war mit Heil und Segen verbunden, auch außerhalb der Liturgie gab es quasi-sakramentale Vorstellungen essbaren Heils. Im Mittelalter reichte man Kranken gesegnetes Brot, auf das man zu ihrer Gesundung „medicinam celestem" – „himmlische Medizin" herabgerufen hatte. Das geweihte Brot gegen Krankheit war dadurch kirchlich legitimiert und löste so das „Wunderbrot" ab, dessen Kraft man dem Gebet oder der Fürbitte von Heiligen verdankte und das vielfach für den Zweck der Gesundung verwendet worden war. Auch der Wein gilt, maßvoll genossen, seit alters als Medizin; Paulus rät seinem Schüler und Mitarbeiter Timotheus, mit Rücksicht auf seine häufigen Krankheiten gelegentlich etwas Wein zu trinken (1. Timotheus 5,23) – eine Bibelstelle, die für die Hochschätzung des Weines in der mittelalterlichen Klostermedizin maßgeblich wurde. Kirchlich gesegneter „Johanniswein" (zum Fest des Evangelisten Johannes am 27. Dezember gereichter Wein) galt nicht nur als wirksam gegen Gift, sondern sollte überhaupt an Leib und Seele gesund erhalten.

Schließlich kann man auch noch an sogenannte Schluckbilder denken, die man zum Beispiel an Wallfahrtsstätten erwerben konnte und im Sinne einer religiösen Volksmedizin zu sich nahm. Das kommt uns heute vielfach eher kurios vor.

Das Heil essen – schon Hippokrates (um 460 – um 370) wird der Satz zugeschrieben:

„Eure Lebensmittel sollen eure Heilmittel und eure Heilmittel Lebensmittel sein." Dass die Ernährung nicht nur Krankheiten vorbeugen, sondern auch Heilungsprozesse unterstützen und fördern kann, steht außer Zweifel und ist auch nicht erst unserer Zeit geläufig. Umgekehrt lassen sich ja auch viele seelische Störungen und Erkrankungen an der Art des Umgangs mit Speisen und der Ernährung erkennen. Magersucht, Bulimie oder Alkoholismus lassen auf eine unheilvolle Balance im Menschen schließen. Das religiöse Moment spielt dabei heute wieder eine zunehmende Rolle, weil auch die körperlich-seelischen Zusammenhänge erkannt werden. Mit großem Interesse greifen viele Menschen auf die Ernährungslehre der Äbtissin Hildegard von Bingen (1098–1179) zurück, auch andere religiös geprägte Ernährungskonzepte von A wie *Ayurveda* bis Z wie *Zen* haben Konjunktur.

Ernährungsweisen als Heilslehren

Darüber hinaus gibt es aber eine Art von Gläubigkeit gegenüber bestimmten Nahrungsmitteln, die schon fast religiöse Züge angenommen hat – was wiederum von den jeweiligen Herstellern und ihren Marketingabteilungen gern und geschickt aufgegriffen wird. So müssen wir uns heute durchaus an die eigene Nase fassen in Hinblick darauf, was wir alles schlucken, das uns angeblich Gesundheit, Schönheit, Schlankheit bringt und was es sonst noch alles an Heil und uns heilig gewordenen Werten gibt. Manches davon dürfte über die Wirkung von mittelalterlichen Schluckbildchen kaum hinausreichen ... Eher umgekehrt; was die Zutatenliste einer Tüte gekaufter Lebkuchenherzen verrät, klingt wenig Vertrauen erweckend: Mehl und Zucker finden sich ja noch im Supermarkt, aber die übrigen Zutaten gibt's nicht mal beim Kolonialwarenhändler: Zuckerinvertsirup, Persipan aus Aprikosenkernen, dreierlei Backtriebmittel, Eipulver, Emulgator Sojalecithin, Säuerungsmittel Citronensäure, Verdickungsmittel Guarkernmehl, Malzextrakt, natürliche und naturidentische Aromen. Da bekommt das Wort von den kostbaren und seltenen Ingredienzen im Weihnachtsgebäck doch gleich eine ganz neue Bedeutung. Immerhin, Gewürze sind auch enthalten und als ob das nicht tröstlich genug wäre: Der Beutelinhalt kann auch „Spuren von Nüssen" enthalten ... Es wird nicht mehr lange dauern, bis auch auf der mit weihnachtlichem Rot und Grün verzierten Tüte in dickem schwarzem Rahmen der Hinweis aufgedruckt ist, beim Versuch, das Essen von Süßigkeiten aufzugeben, könne die Zentrale für gesundheitliche Aufklärung von Nutzen sein ...

Eine Benennung der Dinge in den Schachteln, Tüten und Dosen reicht eben schon lange nicht mehr aus, ja stößt vielleicht sogar ab (ein Glück, dass sie meist fast unleser-

lich klein geschrieben sind). Es muss also besser die Wirkung der Lebensmittel für unseren Körper und für unser Bewusstsein und unseren Lebensstil mit angesprochen werden. Nahrungsmittel lassen uns nicht nur so bleiben, wie wir sind, sie versprechen uns auch ein Mehr an Gesundheit und Wohlgestimmtsein. Sie lassen uns von Tag zu Tag besser fühlen. Natürlich: Der Mensch ist, was er isst, und er verändert sich auch durch das Essen – mehr oder weniger unbewusst. Immer häufiger aber wird auch die bewusste Veränderung der Persönlichkeit durch das Essen angesprochen. Bestimmte Speisen wecken nicht nur den Italiener in uns, sondern geben uns mit einem neuen Körperbewusstsein auch ein anderes Erscheinungsbild.

Vor allem Gesundheit wird zum angestrebten Ziel der Ernährung, das von verschiedensten Produkten bedient wird: Jeder Bissen wird so zum Gesundheitsprogramm, wie es in einer Werbung heißt. Die Stärkung körpereigener Abwehrkräfte und des Immunsystems wird dabei ebenso versprochen wie Fitness und attraktives Aussehen. (Solchen Anpreisungen ohne wirklichen Nachweis wird allerdings inzwischen durch das deutsche Recht Grenzen gesetzt.) „Die eigentliche Nahrungsaufnahme dient immer weniger dem Stillen des Hungergefühls als vielmehr auch der Selbstverwirklichung des Einzelnen. Derzeit kann teilweise von einer Inflation der bewussten Ernährung gesprochen werden, wobei die Nahrungsaufnahme sich zu einem Feld mit quasi-religiösen Zügen entwickelt" (Johannes Wilking).

Das gleichsam religiöse Heil, das mit den Nahrungsmitteln versprochen wird, steht demjenigen der Sakramente scheinbar kaum nach: Sie versorgen uns mit „unentbehrlichen", „lebenswichtigen" oder „lebensnotwendigen" Stoffen. „Heilige Worte" sind alle diejenigen, die Leben, Gesundheit und Natürlichkeit si-

Wenn der Mensch sein Fleisch mit Maßen nährt, dann ist auch sein Betragen fröhlich und umgänglich.
Hildegard von Bingen

gnalisieren: vollwertig und vital, biotisch und natürlich, aktiv und light. Rechtsdrehende Joghurtkulturen werden angepriesen, als seien sie religiöse Substanzen, Ernährungsweisen sind die neuen Heilslehren.

Kochen und Essen als Religion

Es ist auch eine Sehnsucht nach Ursprünglichkeit und Einfachheit zu beobachten. Die Nahrungs- und Lebensmittel sind ja nicht nur in ihrer Vielzahl, sondern auch in ihren verschiedenen Aspekten unüberschaubar geworden. Was gibt es nicht alles zu bedenken bei einem bewussten und verantworteten Einkauf, was über den Preis längst hinausgeht: Sind die Produkte „politisch korrekt", fair gehandelt, frei von problematischen Zusatzstoffen, passend zur Saison und möglichst vom regionalen

Erzeuger? Was steckt alles drin – sind sie überhaupt das, was sie vorgeben zu sein, oder nehme ich gar Abfallprodukte in Kauf? In den meisten Fällen ist diese Beobachtung und Beachtung gar nicht mehr leistbar. Nicht nur die Werbung, auch die zahllosen Kochbücher und Ernährungsratgeber konfrontieren uns daher mit einfachen Bildern, die Natürlichkeit und Ursprünglichkeit signalisieren. Das reine Felsquellwasser und Mühlen vor weizengelben Feldern. Der Mönch mit einem Glas Wein und einem Teller mit Brot und Käse am blankgescheuerten Holztisch: so weit von jeder (auch klösterlicher) Alltagswirklichkeit entfernt – und doch zugleich wie sehr ersehnt als „heile Welt"!

„Kochen und Essen als implizite Religion" hat Adrian Portmann ein Buch übertitelt. Die Hohepriester dieser Religion sind die Sterne- und Fernsehköche, ihre Kathedralen die Gourmettempel unserer Tage. Eine Religion mit zahllosen Priestern und Leviten in ihren blitzenden Küchen-Heiligtümern, mit einer treuen Anhängerschaft, die auch die Angst vor der Sünde, sprich: den Folgen des Schlemmens, verbindet und die Heil erwartet aus dem unbeschwerten Genuss, die Sinn und Erfüllung findet in den Riten und Ritualen des Kochens und gemeinschaftlichen Essens.

Doch alle abergläubischen und pseudoreligiösen Ausprägungen einmal beiseite geschoben: Die gesunde Ernährung und ein dementsprechender Mahlstil sind für den religiösen Menschen tatsächlich eine wichtige und bleibende geistliche Aufgabe. Und zwar auch und gerade im Christentum, das sich auf das Mahlhalten und die Mahlfeiern Jesu Christi gründet, auch wenn es hier keine besonderen Ernährungsregeln gibt wie in anderen Religionen (von den Siebenten-Tags-Adventisten abgesehen, die an den alttestamentlichen Ernährungsvorschriften festhalten). Denn obwohl im Zusammenhang des Essens gesprochen, gilt das Wort Jesu, dass nicht das, was von außen in den Menschen gelangt, ihn unrein macht, sondern das, was aus ihm herauskommt (Markus 7,15), eher in einem übertragenen und geistlichen Sinn, nicht in einem kulinarischen.

Auch der gebürtige Jude Paulus hält Speisegebote für den christlichen Glauben nicht mehr für bindend (er selbst hält sich nur daran, um anderen keinen Anstoß zu geben); er verweist aber darauf, dass der menschliche Körper durch die Taufe zu einem Tempel des Heiligen Geistes geworden ist und unserer Sorge bedarf (1. Korinther 6,19) – und das umfasst eben dessen Pflege auch im Zusammenhang der Ernährung. Die Sorge um den Körper und dessen Gesundheit, die „cura corporis", wie sie in den mittelalterlichen Klöstern genannt und praktiziert wurde, ist also durchaus eine wichtige Aufgabe. Als geistliche Aufgabe dient sie nicht dem Körper als letztem Ziel, sondern dessen Schöpfer, der ihn uns anvertraut hat, Gott. Selbst das Essen und Trinken bekommt so einen Verweischarakter auf das Überirdische; das Gegenteil davon macht auch wieder Paulus gegenüber denjenigen geltend, die nur Irdisches im Sinn haben: Ihr Gott ist ihr Bauch (Philipper 3,19).

Essen und Trinken: nicht Mitte, sondern Mittel

Essen und Trinken und alles was damit auch an Gesundheit und Heil zusammenhängt, so lässt sich mit dem früheren Linzer Pastoraltheologen Wilhelm Zauner sagen, „stehen unter einem Vorbehalt. Sie sind nicht Ziel, sondern Weg; nicht absolut, sondern relativ; nicht Mitte, sondern Mittel".

Essen, das krank oder auch gesund macht: Begonnen hatte alles wohl mit dem Verzehr einer verbotenen Baumfrucht im Paradiesesgarten, die später meist als Apfel gedeutet wurde, in dem gewissermaßen schon der Wurm steckte. Denn als Strafe für dieses Übertreten einer göttlichen Weisung wurde das biblische erste Menschenpaar aus dem Garten verwiesen und fortan mit Krankheit und Tod konfrontiert. Die Sehnsucht nach dem verloren gegangenen Heil lässt uns Weihnachten feiern und die Menschwerdung Christi, dessen Geburt uns das Paradies wieder aufschließt, wie wir im Weihnachtslied singen. Und deshalb hängen wir Äpfel in den Christbaum, früher kamen sogar noch Oblaten dazu. Sie sollen uns – wie die Lebkuchen, das weihnachtliche Gebäck und auch die Speisen dieser Tage – ein Zeichen sein, dass mit dem Essen zwar einst alles Unheil begann, aber dass mit einem großen Festessen, wie es die biblischen Bücher im Bild beschreiben, dereinst auch alles im Heil Gottes vollendet werden wird.

Gott,
auch wenn uns jedes Essen stärkt,
wir spüren doch unsere Bedürftigkeit.

Wir brauchen Zuwendung.

Wir brauchen Befreiung.

Wir brauchen Heilung.

Wir brauchen Liebe.

In Jesus Christus,
dem Heiland,
hast du uns alles geschenkt.

Öffne uns für ihn,
mach uns bereit,
ihn anzunehmen.

Segne nun uns und unser Mahl.

Alexander Holzbach

Paradiesäpfel auf Mascarponesauce

4 rote Äpfel
4 Schaschlikspieße
500 g Zucker
80 ml Wasser
1 TL rote Speisefarbe
1 TL Essig
250 g Mascarpone
50 ml Sahne
2 EL Zucker
1/2 TL Lebkuchengewürz
kleine Schokoladenlebkuchenherzen oder
Dominosteine zum Garnieren

Die Äpfel waschen, gründlich abtrocknen, den Stiel entfernen und stattdessen je einen Schaschlikspieß hineinstecken. Zucker, Wasser, Speisefarbe und Essig aufkochen und sprudelnd kochen lassen, bis das Zuckerthermometer 150 Grad anzeigt. Den Topf vom Herd nehmen, die Äpfel nacheinander hineintauchen und mithilfe eines Pinsels mit dem Sirup überziehen. Auf Backpapier abkühlen lassen.

Den Mascarpone mit Sahne, Zucker und Lebkuchengewürz verrühren und auf 4 Teller verteilen. Je einen Paradiesapfel darauf setzen und mit Schokoladenlebkuchenherzen oder Dominosteinen dekorieren.

Nachlese

Von einer Ausstellung zum Thema Religion und Ernährung, der Frage nach dem, was „christlich essen" bedeutet, und den Gedanken, die man sich machen soll

„Koscher & Co" hieß eine Ausstellung im Jüdischen Museum in Berlin, die 2009/2010 zu sehen war. Rund 600 Objekten brachten nicht nur die jüdische Einstellung dem Essen gegenüber zur Anschauung und sinnlichen Wahrnehmung, sondern auch diejenige anderer Religionen. Sie sind ja, wie im Islam oder Christentum, teilweise mit den jüdischen verwandt, teilweise aber auch, wie etwa im Hinduismus, auf andere Weise doch erstaunlich parallel. Verschiedenste Aspekte des Essens und Trinkens wurden behandelt – von der Schöpfung über das Gesetz bis zum Opfer; von wesentlichen Elementen wie Fleisch, Brot und Wein zum Mahl und verschiedenen Festen und Tafelfreuden; vom Verzicht und Genuss über Brot und Not bis zur gegenwärtigen Situation der verschiedenen jüdischen Identitäten und ihrer jeweiligen Küchen. Im Zuge der Vorbereitung dieser Ausstellung wurden in Berlin lebende Juden und Jüdinnen gefragt: „Was heißt koscher für dich?" und ihre Antworten wurden am Ende der Ausstellung in einer Medieninstallation dargeboten. Es wäre sehr reizvoll, Muslime, Christen, ja überhaupt die Angehörigen verschiedener Religionen einmal danach fragen, worin sich ihr Glaube im Essen und Trinken widerspiegelt.

„Was heißt christlich essen und trinken für dich?" Die jüdische Einschätzung der Lebensmittel in erlaubt und nicht erlaubt sowie deren Beachtung spielt im Christentum weitgehend keine Rolle mehr. Für die christlichen Kirchen wurden andere Kriterien für die Nahrungszusammenstellung wichtig, vor allem inwieweit sie den (früher sehr strengen) Fastengeboten und zahlreichen Fastentagen entsprachen. Es kommt nicht von ungefähr, dass man noch immer im Zusammenhang christlicher Esskultur zuallererst Freitag und Fisch assoziiert.

Doch neben die äußere Regelung, wie sie die Kaschrut oder auch eine Fastenordnung bietet, tritt im Christentum ein innerer Anspruch: Es geht weniger um das, was man wann an Speisen zu sich nimmt, als vielmehr darum, wie man isst. Das betrifft neben der Gemeinschaft, die auch Jesus beim Mahl immer gesucht hat, vor allem die Zurückhaltung und Mäßigung. In den ersten Jahrhunderten war dies auch oft überlebenswichtig, weil man sich in den gemeinsamen Mahlfeiern durch Nüchternheit auch im wahrsten Sinne des Wortes von den Symposien der heidnischen Umgebung abheben wollte und musste.

Heute gilt es angesichts des Wissens um die Problematik der Nahrungserzeugung darüber hinaus auch, Speisen und Getränke zu finden, die nicht nur dem Genuss und der Freude am Geschaffenen, sondern auch der Gesunderhaltung dienen, die sozialverträglich sind und die Natur und Schöpfung nicht belasten. Wer anfängt, alle diese Zusammenhänge zu beachten und sich beim Einkauf Gedanken zu machen, merkt schnell, wie schwer das alles zusammenzubringen ist – vor allem, wenn der Preis auch noch eine Rolle spielen soll. Aber vielleicht ist es eben das, was „Christlich essen" bedeutet: achtsam sein, sich Gedanken machen um das Essen, nicht nur um Geschmack und Kalorien und Kosten. Wer sich Gedanken macht, isst anders, bewusster, er isst vielleicht auch dankbarer. Sich Gedanken machen führt zum Bedanken – auch das ein Wesensmerkmal christlichen Essens: Das Gebet setzt die Speisenden in Beziehung zu Gott, nichts ist selbstverständlich.

Eine solche Spiritualität und Theologie des Essens und Trinkens hat ihren Platz nicht in Büchern oder am Schreibtisch, sondern in der Küche und am Esstisch. Man kann sie nicht nur im Kloster finden, sondern überall dort, wo Menschen in diesem Bewusstsein speisen. Und sie kommt nicht nur an hohen kirchlichen Festen zum Tragen, sondern auch im Alltag, und sie macht jedes Essen zu einer „gesegneten Mahlzeit".

Zitierte Literatur

Literatur zum Thema der religiösen Kulinaristik bietet die Bibliothek am „Institut für Liturgie- und Alltagskultur e.V.", Hildesheim, die auch im Internet einsehbar ist: www.liturgieundalltag.de

Einleitung
Gilbert Greshake, Art. Spiritualität, in: U. Ruh u.a., Handwörterbuch religiöser Gegenwartsfragen, Freiburg i.Br. 1986

Kapitel 1
Willibald Bösen, Jesu letztes Mahl im Lichte der jüdischen Mahlpraxis zur Zeitenwende, in: Volk Gottes. Bibel und Liturgie im Leben der Gemeinde B6 (1988)
Kurt Rommel (Hg.), Familienfeste im Kirchenjahr, Bd. III, Stuttgart 1987
Anselm Grün/Meinrad Dufner, Gesundheit als geistliche Aufgabe, Münsterschwarzach 1989
Manuela Scheiba, Alltag und Fest. Zum Umgang mit der Zeit in der Benediktsregel, in: Erbe und Auftrag 85 (2009)
Cyprian von Karthago, Über den Segen der Geduld, Kap. 13

Kapitel 2
Ullrich Fichtner, Der Klassenmampf, in: Der Spiegel 44/2006
Jean Anthèlme Brillat-Savarin, Physiologie des Geschmacks oder Betrachtungen über das höhere Tafelvergnügen, München 1962
Tertullian, Apologeticum 39
Weisung der Väter. Apophthegmata Patrum, auch Gerontikon oder Alphabeticum genannt, übersetzt von Bonifaz Miller, Leipzig 1974 (Amma Synkletika)
Bernhard von Clairvaux, Brief 1,11 („Regenbrief")
Johannes Calvin, Institutio Christianae religionis III,10,2
Manfred Lütz, Das Leben kann so leicht sein. Lustvoll genießen statt zwanghaft gesund, Heidelberg 2. Aufl. 2009
Martin Luther, Predigt am 2. Sonntag nach Epiphanias

Kapitel 3
Wolfgang Werner, Ein Experiment mit sich selbst, in: Guido Fuchs (Hg.), zeitgemäß. Dem Kirchenjahr Klang und Farbe geben, Regensburg 2002
Oberrheinisches Pastoralblatt 1906

Kapitel 4
Gottfried Bachl, Eucharistie – Macht und Lust des Verzehrens, St. Ottilien 2008
Die Religionen und das Essen, hg. von Perry Schmidt-Leukel, Kreuzlingen 2000
Brief des Ignatius von Antiochien an die Römer, Kap. 4
Ullrich Fichtner, Tellergericht. Die Deutschen und das Essen – eine kritische Bestandsaufnahme, München 2004

Kapitel 5
Tanja Blixen, Babettes Fest. Aus dem Englischen übertragen von W. E. Süskind, Zürich 1990

Kapitel 6
Hans Conrad Zander, Als die Religion noch nicht langweilig war. Die Geschichte der Wüstenväter, Köln 2004
Weisung der Väter. Apophthegmata Patrum, auch Gerontikon oder Alphabeticum genannt, übersetzt von Bonifaz Miller, Leipzig 1974 (Abbas Antonios)
Johannes Chrysostomus, Homilie zu Ps 41
Andreas Hartmann (Hg.), Zungenglück und Gaumenqualen, Geschmackserinnerungen, München 1994
Véronique Witzigmann, Rettet die Tafelrunde! Warum es so wichtig ist, dass Eltern und Kinder an einem Tisch sitzen, München 2009
Erich Heck, Segen des dreieinigen Gottes, Stuttgart 1990

Kapitel 7
Klaus Vorländer, Gottes Gastfreundschaft im Leben der Gemeinde, Stuttgart 1999
Andreas Schlamm, Ich bin ein Gast auf Erden, in: Marion Lamm/Peter Dietrich/Andreas Schlamm, Essen mit Gott in Deutschland, Neukirchen-Vluyn 2. Aufl. 2007
Martin Friz, Brich den Hungrigen Dein Brot. Die Stuttgarter Vesperkirche. Mit Bildern von Rainer Fieselmann, 2. überarb. und erweit. Aufl. Bietigheim-Bissingen 2005

Kapitel 8

F. Donald Logan, Geschichte der Kirche im Mittelalter, Darmstadt 2005

Johan Huizinga, Herbst des Mittelalters. Studien über Lebens- und Geistesformen des 14. und 15. Jahrhunderts in Frankreich und in den Niederlanden, 6. Aufl. Stuttgart 1952

Lea Fleischmann, Heiliges Essen. Das Judentum für Nichtjuden verständlich gemacht, Frankfurt a.M. 2009

Photina Rech, Inbild des Kosmos. Eine Symbolik der Schöpfung, Bd. II, Salzburg 1966

Kapitel 9

http://gemeinsam-fuer-ein-paradies-auf-erden.blogspot.com

Agnes Sapper, Die Familie Pfäffling, Stuttgart 1955

Alois Wierlacher, Vom Essen in der deutschen Literatur, Stuttgart 1987

Kapitel 10

Joseph Viktor von Scheffel, Kritische Ausgabe in 4 Bänden, hg. von Friedrich Panzer, Leipzig/Wien 1917, Bd. I (Die Martinsgans)

www.jesusveg.de/jesuswarvegetarier.html

Aachener Nachrichten, 2. 9. 2008

Josef Griesbeck, Das Brot ist uns geschenkt. Tischgebete, Würzburg 2006

Konrad Hilpert, Müssten wir alle Vegetarier werden?, in: Religionsunterricht an höheren Schulen 36 (1993)

Axel Hacke, Deutschlandalbum, München 2004

Rainer Brüggemann, Erntedank – nein danke?, in: Liturgie konkret 10/1994

Niklaus Kuster, Bruder aller Geschöpfe, www.kath.ch

Kapitel 11

Georg Lohmeier, Bayerische Barockprediger, München 1974

Aloys Bömer, Die lateinischen Schülergespräche der Humanisten, Berlin 1897

Walter Nigg (Hg.), Elisabeth von Thüringen, 2. Auflage Düsseldorf 1967

Petra Altmann, Backen in der Klostertradition. Brot, Brauchtumsgebäck und süße Köstlichkeiten. Mit 85 Rezepten a. d. Zisterzienserinnenabt. Oberschönenfeld, München 2009

Lea Fleischmann, Heiliges Essen. Das Judentum für Nichtjuden verständlich gemacht, Frankfurt a.M. 2009

Irene Mieth, Katechese in der Küche. Kinderfragen verlangen Antwort. Mit einem Nachwort von J.-B. Brantschen, Mainz 2. Aufl. 1993

Kapitel 12

Otto Schlisske, Äpfel, Nuss und Mandelkern. Was unsere Advents- und Weihnachtsbräuche eigentlich bedeuten, Stuttgart 6. Aufl. 1959

Johannes Wilking, Ernährungskommunikation und Marketing – Trends im Verbraucherverhalten bei Lebensmitteln, in: E. Wilking/G. Wilking (Hgg.), Blatt für Blatt – Gedanken und Einblicke zur Agrar- und Forstwirtschaft, Vechta 2009

Adrian Portmann, Kochen und Essen als implizite Religion. Lebenswelt, Sinnstiftung und alimentäre Praxis, Münster 2003

Wilhelm Zauner, Essen und Trinken – Versuchung und Versöhnung, in: Erich Garhammer u.a. (Hgg.), ... und führe uns in Versöhnung. Zur Theologie und Praxis einer christlichen Grunddimension, München 1990

Nachlese

Koscher & Co. Über Essen und Religionen. Hg. von Michael Friedlander und Cilly Kugelmann im Auftrag des Jüdischen Museums Berlin, Berlin 2009

Bild- und Textnachweis

Bildnachweis
Umschlag: Lois Lammerhuber
　　　　　Photoagentur Lammerhuber
S. 1:　　　oliver-marc steffen/fotolia.com
S. 7, 11, 15, 19, 21, 24/25, 37, 43, 46/47, 51,
　　62, 89, 90, 101, 104/105, 106, 108,
　　110, 123, 127, 137, 138, 147, 148,
　　157: Guido Fuchs
S. 12/13:　Jodi/fotolia.com
S. 17:　　 Veronese, Hochzeit zu Kana, Ausschnitt, 1563. akg-images Erich Lessing
S. 23:　　 oben: Kramografie/fotolia.com, unten: Steven Van Veen fotolia.com
S. 26:　　 zimmytws/fotolia.com
S. 29:　　 Eduard Grützner, Des Mönches Vesperzeit, 1882. akg-images
S. 33:　　 links: Monkey Business/fotolia.com, rechts: Michael Willems fotolia.com
S. 34/35:　Gvision/Dreamstime.com
S. 39:　　 imagenation/fotolia.com
S. 42:　　 NB/fotolia.com
S. 45:　　 Wurst: racamani/fotolia.com, Käse: Olga Mirenska/fotolia.com
S. 48:　　 Jasna01/Dreamstime.com
S. 52:　　 aus: Nikolai W. Gogol, Betrachtungen über die Göttliche Liturgie. Verlagsbuchhandlung Der Christliche Osten, 1989. Foto: Alfred Rocklage
S. 54:　　 kexchen/fotolia.com
S. 57:　　 Meerrettich: Teamarbeit fotolia.com, Fleisch: Birgit Reitz-Hofmann fotolia.com
S. 58/59:　M. Keuthen, Karlsfeld
S. 64:　　 philippe Devanne/fotolia.com
S. 65:　　 Junial Enterprises/fotolia.com
S. 67:　　 Lachs: ExQuisine/fotolia.com, Kartoffeln: Maria Brzostowska fotolia.com, Kaviar: Christian Jung/fotolia.com
S. 68/69:　Bildagentur Huber
S. 73:　　 Fritz von Uhde, Christus bei der Bauernfamilie, 1885. akg-images Erich Lessing
S. 75:　　 swisshippo/fotolia.com
S. 76:　　 Zisterzienserinnen, Abbaye Notre-Dame des Gardes, Frankreich. Olivier Martel/akg-images
S. 79:　　 Dana Krimmling/fotolia.com
S. 80/81:　Yamo/Dreamstime.com
S. 83:　　 Jan Vermeer, Christus bei Maria und Martha, 1656
S. 85:　　 Drei Engel bei Abraham. Russische Ikone, 1690. akg-images
S. 93:　　 Fisch: Yvonne Bogdanski fotolia.com, Linsen: Carmen Steiner/fotolia.com
S. 94/95:　Martinedeg…/Dreamstime.com
S. 97:　　 Martina Misar/fotolia.com
S. 98:　　 photooiasson/fotolia.com
S. 99:　　 bornebach/fotolia.com
S. 103:　　Kräuter: Irina Fischer/fotolia.com, Brot: Carmen Steiner/fotolia.com
S. 112:　　Konstantin Sutyagin/fotolia.com
S. 116:　　Blutwurst: Otto Durst/fotolia.com, Äpfel: Carmen Steiner/fotolia.com
S. 118/119: Drx/Dreamstime.com
S. 121:　　S. Polo di Piave, Abendmahl, Ausschnitt, 1466
S. 129:　　Sylvia Zimmermann/fotolia.com
S. 130/131: Dmitry73/Dreamstime.com
S. 132:　　Vovk27/Dreamstime.com

S. 139: Noam/fotolia.com
S. 141: ExQuisine/fotolia.com
S. 142/143: A1ik/Dreamstime.com
S. 151: Johnér RF/F1 ONLINE
S. 153: Äpfel: Maria Brzostowska fotolia.com,
Dominosteine: Fotofee/fotolia.com
S. 155: chris74/fotolia.com
S. 159: Volker Wierzba/fotolia.com

Textnachweis

S. 22, 32, 92 aus: Josef Griesbeck, Das Brot ist uns geschenkt. Tischgebete © Echter Verlag Würzburg 2006, S. 13, 17, 24

S. 56 aus: Wilhelm Wilms, meine schritte kreisen um die mitte. neues lied im alten land. © 1984 Butzon & Bercker GmbH, Kevelaer, S. 112, www.bube.de (gekürzt)

S. 66: Text: Chris Herbring und © Christian Herbring Musik, Mönchengladbach

S. 78: Jochen Klepper, Mittagslied. 7 In: Kyrie. Geistliche Lieder. 22. Auflage, Luther Verlag, Bielefeld 2007

S. 102: Werner Schaube, Hagen

S. 140: T. Alois Albrecht aus seinem Geistlichen Spiel „Elisabeth von Thüringen". Rechte beim Autor

S. 152: aus: Alexander Holzbach, Tischgebete. Lahn Verlag, Limburg 1985. Rechte beim Autor

Bibliografische Informationen Der Deutschen Nationalbibliothek
Die Deutsche Nationalbibliothek verzeichnet diese Publikation
in der Deutschen Nationalbibliografie; detaillierte bibliografische Daten
sind im Internet über http://dnb.d-nb.de abrufbar.

© Claudius Verlag München 2010
Birkerstraße 22, 80636 München
www.claudius.de

Das Werk einschließlich aller seiner Teile ist urheberrechtlich geschützt.
Jede Verwertung außerhalb der engen Grenzen des Urheberrechtsgesetzes ist
ohne Zustimmung des Verlags unzulässig und strafbar. Das gilt
insbesondere für Vervielfältigungen, Übersetzungen, Mikroverfilmungen und
die Einspeicherung und Verarbeitung in elektronischen Systemen.

Umschlaggestaltung, Layout und Satz:
Matthias Reithmeier
Druck: fgb, freiburger graphische betriebe
ISBN 978-3-532-62411-1